日本の昔話絵本の表現

「かちかち山」のイメージの諸相

神立幸子

てらいんく

日本の昔話絵本の表現

――「かちかち山」のイメージの諸相

まえがき

　私が子どもの絵本に興味を寄せはじめたのは、保育の場にかかわるようになった一九六〇年代後半にかけてのことです。先進的な保育現場では、その前後から出版されだした内外の絵本を置くコーナーを設けるようになっていました。以来、公共図書館の子どもコーナーの絵本も利用しながら、子どもを対象とした文化的な絵本の表現とはなにかをたずねるようになりました。

　とりあえず主眼としたのは現代の日本の創作絵本でしたが、当時の日本の絵本は体裁は整ってきていましたが真にうなずけるものにはなかなか出合えませんでした。その原因がどこにあるかを考えるなかで日本の絵本に当たるには、まず絵本の先進国といわれる欧米の作品の核にあるものを把握しなければと思うようになりました。先に出版した『二十世紀の絵本の表現――本来のものに立ちかえる世界』（武蔵野書房　二〇〇二年）は、戦後日本において翻訳出版された欧米の絵本一二〇冊ほどのなかでそれを試みたものです。

　そのうえで日本の絵本を見ていこうとするとき、子どもの絵本といえどもそこに見る表現は自国の文化の特質と深くかかわることがあらためて痛感されました。そこで、これまではふれないでいた日本の昔話絵本を手にとることにしました。

日本の昔話絵本については、江戸期にさかのぼって作品化されているいくつかを見ることができます。そこで、それらの絵本のなかに日本文化の特質をたずねながら、その流れを現代までたどることを思いたちました。そのように長期にわたる流れを追うにはさまざまな課題がありますが、とりあえず諸資料を参考にしながら、一冊ごとの作品に当たってみました。

そこでまずとりあげたのが〈かちかち山〉です。江戸期、明治期、大正期、昭和の戦前期においてその視覚化はどのようであったかを見ていき、ついで戦後期の現代の絵本の表現を見ることにしました。と同時に、そのなかで気づく日本の絵本の表現に内在するさまざまな点についての考えを記すことにします。

神立幸子

二〇〇四年八月八日

もくじ

第二章　明治期から昭和の終戦まで　35
『かち〳〵山』〈日本昔噺〉　37
漣山人編　大江小波述　東屋西丸記　寺崎廣業画　東京博文館　明治二八（一八九五）年
『カチカチヤマ』〈日本一ノ画噺〉　45
巖谷小波先生・岡野榮先生・小林鐘吉先生・杉浦非水先生画　中西屋書店　大正四（一九一五）年
『かちかち山』〈講談社の繪本〉　55
繪　尾竹國觀先生　文　松村武雄先生　大日本雄辨曾講談社　昭和一三（一九三八）年
第三章　戦後期　79
『かちかちやま』〈むかしむかし絵本12〉　81
ぶん　まつたに　みよこ　え　せがわ　やすお　ポプラ社　昭和四二（一九六七）年
『かちかちやま』〈日本のむかし話〉　91
瀬川康男絵　松谷みよ子文　講談社　昭和四五（一九七〇）年
『かちかちやま』　98
おざわとしお　再話　赤羽末吉　画　福音館書店　一九八八年
終章　119

序章　日本の昔話絵本の考察にあたって

数ある日本の昔話絵本のなかで「かちかち山」をとりあげたのは、この話には動物が登場するという単純な理由からです。欧米の作品を視野に入れたところでは、共通する事項は動物において見いだしやすいと思われたからです。

その動物たちの描き方の特徴をとらえる手がかりとして、動物たちが衣服をどのようにまとっているかをあげたいと思います。自然なる動物が衣装を着けるのは人為的なもので身を装うことであり、それはまさに人間が織りあげてきた文化的表現といえるでしょう。

日本の動物の衣装の描き方には、日本人の動物のとらえ方、アニミズム感覚、自国の絵画の伝統、和装から洋装へ、欧米文化の影響などの多様な因子がからみあうと考えられます。いずれにしても衣装を着けた姿で動物が描かれるというのは、その動物を擬人化する視覚上の技法といえます。

先に出した『二十世紀の絵本の表現――本来のものに立ちかえる世界』の一つの視点は〈登場者の外観をめぐって〉というものですが、それは絵本に登場する動物の衣装にかかわるとらえ方です。しかしそのなかでは、すぐれた欧米の絵本の表現の一つの型は、動物たちのからだから衣装が脱げたり消えたりするところにあるとしました。絵本に登場する動物が人間からの借り着をとりさるのは自分自身にかえることであり、それを欧米の近代精神による〈本来のものに立ちかえる〉表現ととらえたのです。

このようなとらえ方を直に日本の絵本に当てはめることには当然無理が生じます。むしろ日本の絵本においては、動物がどのように衣装を着けてきたかの解明が先でしょう。そこでこの本では、そのことを一つのポイントとして見ていくことにします。

『二十世紀の絵本の表現——本来のものに立ちかえる世界』のもう一つの視点は、〈登場者の居場所をめぐって〉というものです。欧米の絵本の動物たちの居場所の描き方は近代的な個の主張につらなるものです。そして居場所を移動する〈行って帰る〉パターンのなかに、幼い子どもに繰り返し与えたい安らぎの思いが配慮されています。

ところが、先祖のおおかたが農耕民である私たち日本人は、動物を見る際にその居場所を厳しく問う眼を十分にもちあわせていないようです。日本の昔話には人と動物とが結ばれる異類婚姻譚がありますが、それは人と動物との境をないまぜにすることであり、動物間のこととなればなおさらです。そのために日本の文化の表現のなかでは、欧米のように居場所の顕示が個の表現につながることは多くなく、むしろそれをあいまいにした共存のなかに和をはかろうとする傾向があります。そうした点も作品を見ていくうえの一つの手がかりとしますが、それにかぎらず、日本文化のさまざまな側面が絵本のなかにどのように表現されているかにふれていきたいと思います。

動物を描く日本の絵画の伝統

古くからある日本の絵画のなかの動物たちは、物語性を秘めたところではたいがい衣装を着けています。動物に限らず物や諸現象までも人に模して表すアニミズムの浸透しているところでは、人間ならざるものが衣装を着けて表現されることへの抵抗はなく、むしろその技に凝ることがア

ートとして受け入れられてきたといえます。

手にする資料にはかぎりがありましたが、そうした動物を描く日本の古い絵画を概観し、その表現を二通りに分けてみました。

その一つは十二世紀に描かれた「鳥獣戯畫」にその典型を見ることができます。そこに登場する、かえる、うさぎ、きつね、さるたちは、はじめ自然体でいますが、ストーリー性の感じられるところでは役柄にふさわしい衣装を着けています。それによって彼らの所作が様になって見えますが、なお衣装のはしからそのものたちのからだがのぞいています。

日本の古の衣装は彼らのからだをゆったり覆うかわりに落ちやすく、動きまわるうちに脱げてしまうのではとあやぶまれます。そのことからも、騒ぎがおさまれば彼らは元の自然体の姿になると想像されます。それは、欧米の絵本のなかで〈自然にかえる〉と見たのと共通します。そこで、そのような表現は日本においても在来的なものと認識できます。

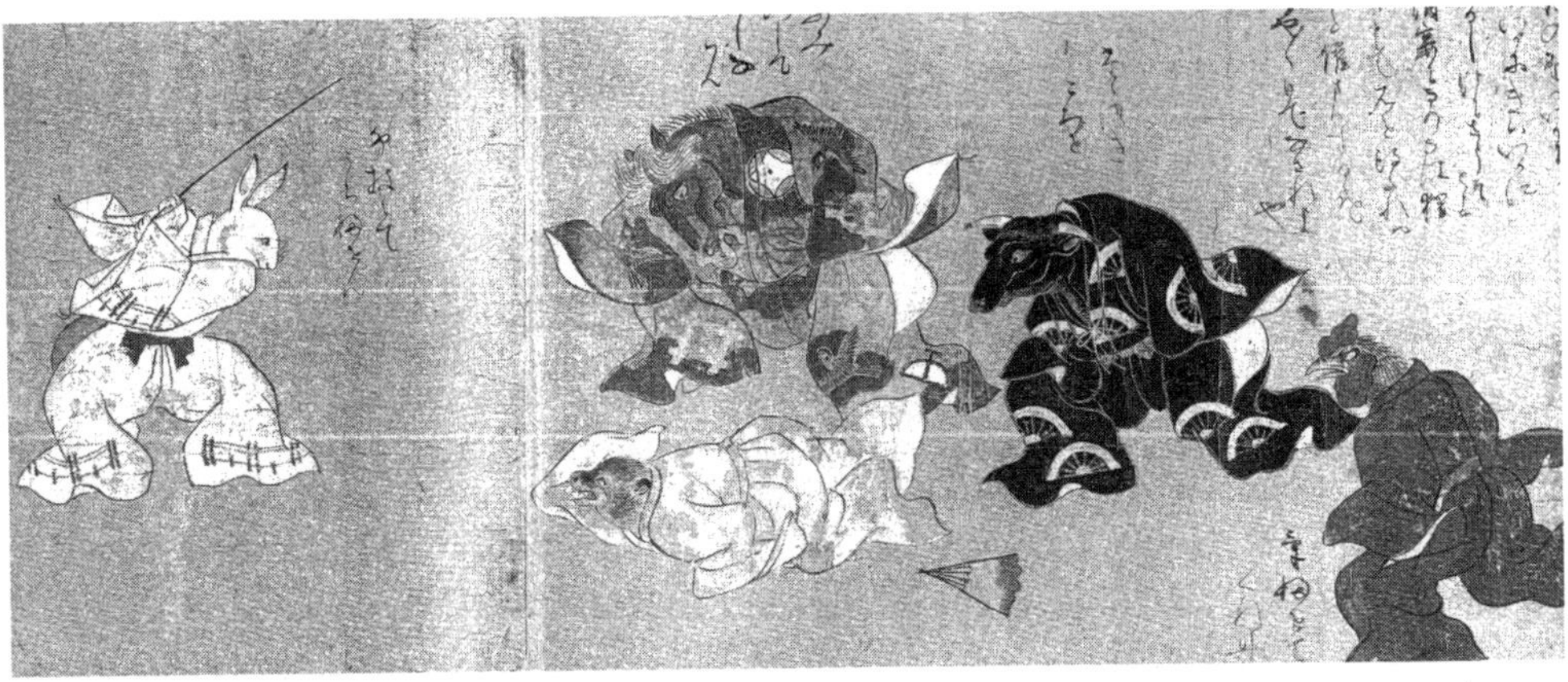

もう一つの例は、多くの絵巻物や絵草子のなかに頻繁に出てくる描き方ですが、その典型としては「十二類絵巻」[*1]の動物の描き方があげられます。その絵のなかの動物たちは、獣頭人身像といわれるように、首から上の頭部は動物そのものです。しかし衣装で覆われているからだは人間に模しているとはいえ、ことに大型動物であるうまやうしについては当のものでないのは明白です。彼らのからだを覆う衣装の彩りは美しく、かつその動物と調和するように整えてあるところから、それは、舞台の上で役者が動物を演じる際の衣装と見ることができます。なおその表現は芝居劇そのものの写実ではなく、それに模した動物擬人化の手法といえます。

　このような描かれ方においては、動物が衣装をとり去るイメージは介入するはずもなく、先のような〈自然にかえる〉発想にはおよそつながらないといえます。日本の絵画の伝統を大幅に占めているのはこちらのほうであり、このような表現も時代とともに推移するなかで、からだつきはより役柄にふさわしくなっていきます。

これらの描き方を広く見ていくことが、動物の擬人化の推移を具体的につかむ一つの手がかりになるのではと思われます。そこで便宜上、絵本のなかの動物の擬人化の描かれ方のタイプを以下のように記号化して記述することにします。

・自然体＝そのもののからだ。四本足の場合と二本足で立つ場合とがある。
・A型＝自然体に近い二本足の立ち姿に衣装をまとう。現代の絵本はほとんどこの型。
・B型＝頭部は動物、からだは人間。日本の伝統的な絵画の一様式。
・A・B型＝頭部は動物。からだは動物と人間を合わせたような描き方。

「かちかち山」の絵本の考察にあたって

日本の昔話〈かちかち山〉は、うさぎがたぬきに火打ち石の音を、ここは「かちかち山」だからと言った話として知れわたっています。〃かちかち〃にしろ〃ぼうぼう〃にしろ、二つの音をつらねる日本語のオノマトペは子どもに面白く響くだけでなく長く記憶されるようです。その面白さによってこの昔話絵本は子どもに楽しまれますが、それはそれとして、この本のなかでは江戸期以来の絵本がその全体をどのように表現しているかを見ていくことにします。

この話の大筋は、あるおじいさんがたぬきを捕らえ、たぬき汁にしようと家に持ち帰ったところ、たぬきはおばあさんを殺して逃げてしまう。それを知ったうさぎがおじいさんに代わってたぬきをやっつける、というものです。そのなかで、たぬきがおばあさんに化けておじいさんに婆汁を食べさせるというくだりがありますが、その部分を欠く作品もあります。またこの話は、元は別々の話を合体したためにどこか不可解なところがあるとも言われています。このような課題を抱えるこの昔話が江戸期以来どのように絵本化されてきたか、その視覚化はどのようなイメージをかもしだしているか、さらにそこから昔話の絵本についてどのようなことが考えられるかを随時述べていくことにします。

それにはまず江戸期にさかのぼり、つぎに明治期から昭和の戦前期まで、最後に戦後期と、おおざっぱに三期に分けてその代表的な作品をとりあげます。戦後の絵本は直に手にとることができますが、時代をさかのぼるほどに翻刻版や復刻版にたよらざるをえません。一方、近年においては、絵本にかかわる研究書の出版によって、こうした考察を手際よくすすめることができるようになりました。ことに、『復刻　絵本絵ばなし集解説』（瀬田貞二他編　ほるぷ出版　一九七八年）、『児童出版美術の散歩道』（上笙一郎　理論社　一九八〇年）、『落穂ひろい――日本の子どもの文化をめぐる人びと』上・下（瀬田貞二　福音館書店　一九八二年）、『子どもの本評論集絵本論』（瀬田貞二　福音館書店　一九八五年）、『はじめて学ぶ日本の絵本史　Ⅰ・Ⅱ・Ⅲ』（鳥越信編　ミネルヴァ書房　二〇〇一～二〇〇二年）、はこの考察に不可欠の書であり、それらによって各作品の時代背景や諸事情をおおよそつかむことができます。各作品の周辺の事がらの記述はそれら諸資料を参考にし、ここでは作品そのものの具体的な記述に集中したいと思います。

とりあげる作品は、江戸期2点、戦前期2点、戦後の3点の計7点[*2]ですが、そこに参考として挿絵入りの読本1点を加えます。絵本の流れを見る対象としてはわずかなものですが、いずれも各期の作品の特徴をそなえた今日に残る代表的な作品といえます。

注

＊1　「十二類絵巻」

「十二類絵巻」室町時代　堂本四郎氏蔵（『日本の子どもの本の歴史展――17世紀から19世紀の絵入り本を中心に――』東京都庭園美術館　一九八六年）［一〇―一一頁］

＊2　〈かちかち山〉絵本の数

沼賀美奈子「江戸期から現代までの〈かちかち山〉絵本の変遷」（『白百合女子大学児童文化研究センター研究論文集V』二〇〇一年）

・江戸期13点、明治期24点、大正期3点、昭和戦前期8点、戦後～一九九八年65点、不明9点、計一一二点をあげている。

第一章　江戸期

この期の絵本としてとりあげるのは『むぢなの敵討』と『兎大手柄』の二つの作品です。これらを江戸期の〈赤本〉と称することについてはつぎの記述があります。[*1]

上笙一郎〈日本児童出版美術史の粗描〉(『児童出版美術の散歩道』)

「……戦国時代ともいわれた動乱期が徳川家康の日本統一によって終わると、社会経済は一段と発展し、それがもととなって読者の増大と印刷術の発達がうながされ、やがて、手描きの一点本だった奈良絵本にかわって、大量生産の可能な木版印刷による絵本があらわれてきます。そのうちもっとも美しいのが、線描き墨刷りの画面に主として赤と緑の二色を手彩色した〈丹緑本〉です。この丹緑本はいわば奈良絵本の木版印刷版であって、その内容も奈良絵本とほとんど変わらないのですが、「江戸時代の中期になると、……その表紙に子どもの好みに合わせて赤い色の紙をかけたため、のちに〈赤本〉と呼ばれるようになった……」」。

さて、ここでとりあげる『むぢなの敵討』と『兎大手柄』は、『近世子どもの絵本集　江戸篇』(鈴木重三・木村八重子編　岩波書店　一九八五年)に全ページ収録されており、以下はそれを見ての記述です。

『むぢなの敵討』(『近世子どもの絵本集　江戸篇』収録)

この作品は瀬田貞二の『落穂ひろい』上巻にも全ページ原寸大(13.7×10.3)で収録されています。作者、出版年は不明であり、貼付簽の題字に添えられた「うさぎのち里く」の部分はなく、いわゆる〈かちかち山〉の前半の話のみが残っていたといえます。『近世子どもの絵本集　江戸篇』

に載る解題はつぎのとおりです。
「発端は鼠浄土（地蔵浄土またはおむすびころりんともいう）型[*2]で、爺が穴を掘る心持ちがやや丁寧に書いてある。一丁裏以降は、二重波形で仕切って上部に文、下部に絵をかき、文が絵より先へ進むが、丁を繰る楽しさを妨げない。絵は五場面あり、婆が持参した団子を食う爺、むじなを捕らえる爺婆、粟を搗く婆と吊されたむじな、粟を拾う婆と杵を振り上げるむじな、むじな汁と思って婆汁を食う爺。話の特徴としては、むじなと婆が相手の搗きこぼした粟を拾う約束をする件りであろう。六丁裏までで、以下は文も途中で欠。古拙な好編であるが、版面に彫の粗さが見られ、もう一つ前の版の存在を感じさせる。」

瀬田貞二はこの作品について『落穂ひろい』上巻で、つぎのように記しています。
「上下をしわける波形の界線があって、上欄に言葉のある形式は、菱川師宣の絵本によく見かける古いものです。絵も古拙ながら働きがあり、彫は深くて力強く、ストーリーも、団子が穴に落ちて、穴を掘って狸を捕まえるのが耳新しいようですが、地蔵浄土に似ていて、どこまでも昔話の伝承に忠実なのも古朴です。」［九六―七頁］
「おしいことに、この本は五場面、上巻だけしかなくて、……下巻『うさぎの知略』が残されていません。しかしこの残欠木版本一巻をもってしても、イギリスのチャップ・ブックやドイツのフォルクス・ブーフの佳作をしのぐものと思われます。」［八五頁］

この作品は、「文が絵より先へ進む」ので編者による書き下し文をその場に当てはめていきますが、なお題名にあるむじなの側からなるべくとらえることを試みます。

第一画面では、解題にあるように（以下同じ）、爺が畑にあぐらをかき、婆の運んだ昼食の団子を食べています。

この話における事の起こりは、爺が、自分が落とした団子を拾おうとしてむじなの巣穴を掘り返したことです。ということはむじなの居場所に侵入したのは人間側であり、捕らえられたむじなは被害者であったわけで、そこが後年の話と大きく異なるところです。

爺は上半身裸であり、しゃがんで見守る婆も胸もとをはだけています。

第二画面は、むじなを捕らえた爺に、婆が「縄を持ち行く」ところです。

むじなの捕獲に婆が加担したところが特異であり、それはむじなを料理して食べることを婆も承知していたということでしょう。

第三画面は、足を結わかれ、「天井につなぎ」おかれたむじなの傍らで、婆が「晩の飯ごしらえせんとて、粟をとり出して臼にて搗きける」ところです。むじなは婆に、「その粟われら搗き申さん」と声をかけています。

第二と第三の画面では、むじなは四つ足の自然体で描かれています。

むじなが吊るされる図は、野生の生きものが人間からどのような仕打ちを受けるかを端的に示しています。この話は残酷の例としてよくとりあげられますが、このように生きものを吊るす人間側にまずそれを見ておくべきでしょう。

第四画面は、婆に「縛めを解」かせたむじなが、「『われ搗きこぼしたらば、そなた拾い給え、婆搗きこぼし給うをば、それがし拾い申すべし』と約束し、わざと搗きこぼして婆に拾わせけれ

ば、婆うつむきて拾うところを、手杵にて搗き殺」します。

こぼれた穀物を拾い合うのは農作業における習わしでしょう。この人間界の習慣をもちだして婆を殺めるところで絵のむじなも擬人化されています。

その姿は、人のからだの首部にむじなの頭をつけたB型です。手足の先に五本指を見せる筒袖を着た男姿であり、尻尾をつけていないのは初期の作品だからでしょう。

第五画面では、爺が鍋のかかる囲炉裏の傍らに座り、箸で椀のものをつまもうとしています。文は、婆を「夕飯の汁に炊き」すましたむじなが、山より帰った「爺にとくと食わせすまして躍り出で、駆け出て大音にて申すようは、『婆食らいの爺め、かま　』」というところで文は切れており、つぎのページも欠けています。

むじなが擬人化されている絵はその一枚だけです。むじなは、『むじな汁を煮ておき候、そこにて食い給え、われはぢ虫おこり』と言い、「婆の衾をかぶり臥せりて居」ます。
その仮病はむじなが自分の姿を爺にも見手にもさらさないですむ口実になっていますが、その言葉は「むじなの化け婆」が発したとあります。
さてこの話は、人間に食われそうになったむじなが逆にその人間をやっつけたという点で、〈食うか、食われるか〉の逆転劇といえます。その際にむじなは、殺した婆（人間）を自分で食べたのではなく、婆の相棒の爺（人間）に食わせたのです。その特異なカニバリズムは後のちまで継承されています。

〈食うか、食われるか〉の逆転劇が共食いになる話としては、イギリスの昔話「三びきのこぶた」があげられます。その話では、末のこぶた（弱者）が、自分らを食おうとしたおおかみ（強者）を食べてしまいます。その結果として、こぶたはおおかみが先に食べていた兄たちを食べたことになります。が、その間接的な共食いは動物間のことなので、先達の生きざまを己の血肉と化したと受けとめることもできます。

動物と人間の〈食うか、食われるか〉の逆転劇としては、「熊人を助」（『北越雪譜』[*3]）に類似する昔話があげられます。『北越雪譜』では、雪の谷底に落ちた人が熊に助けられますが、昔話の中では人間がその熊を殺そうとしたために逆に熊に殺されてしまいます。野生の熊と鉄砲を使う人間との力関係は五分五分であり、そこで熊が勝つのは文明に勝る自然の謳歌と見ることができます。

この話においては、むじなは爺とわたりあえるほど強くはないので、やられるとなると知恵をつかいます。知恵はむじなと人間との間を拮抗させるところから、その知恵には〈だまし〉という色づけがなされます。むじなの〈だまし〉とは、まず婆（弱い人間）にうまいことを言って「縛めを解」かせ、わざと婆をうつむかせて杵で搗き殺し、婆に化けて爺に料理した婆を食べさせたことです。つまりむじなは、自分を食べようとした爺（強い人間）をやっつけるためにまず婆を〈だまし〉、つぎに婆に〈化ける〉ことで爺を〈だまし〉、爺を婆抹殺に加担させたのです。むじなの〈だまし〉の最たるものは〈化ける〉ことであり、その術をつかうことで人間に食われそうになった敵討ちを果たしたのです。むじなは人間に対して弱者であり、被害者でもあったのですが、その仕返し方はこのうえなく陰惨といえます。

この『むぢなの敵討』の絵は全体にかっちりとした線がきで、事のなりゆきを簡潔かつ明確に描いています。老夫婦の鋭い眼差しや裸足の風体には、日本のかつての百姓暮らしのリアリティが感じられます。とはいえ、爺が婆汁の盛られた椀を手にする光景には嫌悪感を覚えます。人が人を食う場面を視覚化することには理屈抜きに拒否したい気がはたらきますが、それを延々と伝えてきた人びとの心底にはなにかがあるように思われます。

一つには、動物が〈化ける〉ということが話を活性化するとともに、その陰でこの世の理不尽な様相にふれるからと思われます。というのも、この場のカニバリズムを隠喩ととらえるならば、日本の家父長制の家にあっては、夫が妻の骨以外の血肉をわがものにしてきたという一面と重ねられなくもないからです。[*4] それをむじなのせいにするところがいかにも日本の文芸らしいところですが、それはこの話から思われることです。この作品の表現はさらにもう一つの解し方を示唆しています。

この老夫婦が、穴に落ちた団子を「仇にはせじ」と掘りかえしたのは、「朝夕骨折りて耕作」した団子の元である米のことを「菩薩」と称してうやまっているからです。ですから米を尊ぶあまりにむじなを捕まえたことになります。そのむじなを料理して食おうとしたのですが、彼らはそれにはまったく気をかけていません。米の一粒ほども、殺されて食われる生きものに対する思いを見せていないのです。
かつての日本の百姓は総じて労働は過酷であり暮らしも貧しかったのですが、口にする米（稲）には宗教的といえるほどの感謝の念を抱いていました。それに対して、動物の肉を食うことにはほとんど気を向けてこなかったことが浮上します。それには日本の食における稲（植物）と肉（動物）とのありようがかかわっているようです。
日本においては、明治初頭に至るまで仏教は獣を殺したり食べたりすることを禁じており、また一般の神道も肉食を穢れとして退けていました。しかしこの話に見るように、裏では野生動物の肉を食べていたというのが事実のようです。ただし表向きは殺生食肉戒の布告されている世の中ですから、アイヌのイヨマンテのように、心からはそのことを謳歌できなかったことでしょう。そして、獣の肉を食うことを積極的に受け入れる宗教観のないところでは、獣の命をとり、かつ食うことをあがなう術を見いだせなかったと思われます。つまり、それにかかわる自らの精神を清めようがなかったところに、食われそうになった獣が化けて人間に反撃するというイメージが入りこむ隙を与えたと推察します。[*5]
この『むぢなの敵討』の表現は、食われる側の悲惨さを食う側の人間に身をもって味わわせています。そして文芸の表現はとかく人間本位であり、そうした獣を悪ものに仕立てることでおさめていきます。それが、むじなは化けて爺をだまし婆を食わせたということでしょう。そこには、動物を人間より下位に見る仏教思想の背景もかかわっていたことと思われます。その仏教は長年にわたって食肉戒を説いてきたのです。

この作品は、『むぢなの敵討』という題名をかかげていることと、後半の話を視野に入れないことによって、この話の秘めているものをこのように推察させます。なおそれには、そこに登場する日本の爺と婆の表情や姿態の描かれ方がかかわっています。というのも彼らの様子には、過酷な肉体労働を精神的に癒す術を見いだせないものたちの苦渋が感じられるからです。それはフランスのミレーが描いた畑の農夫の姿から受けるものとは対照的な印象といえます。[*6]

ところで日本においては肉食禁忌がとうに解かれても、肉食を肯定する道が究められたわけではないでしょう。私たち日本人の心の底にはそのよどみがあり、それが〈かちかち山〉のこの部分を嫌悪しつつもきっぱり拒否できないのかもしれません。その点でこの〈かちかち山〉の前半はきわめて日本的な課題を含むと思われます。

昔話の語りは伝承されるなかで変化していきますが、絵に描かれた場合は、その時点のものがそこにとどまっているわけです。そのために時を経た後も、口承昔話では消えたものを絵本のなかに垣間見ることになるのでしょう。

『兎大手柄　赤本』（『近世子どもの絵本集　江戸篇』収録）

この作品は、原本サイズ（17.2×13.0）より縮小した形で載っており、その解題はつぎのとおりです。

「本作品の特徴を揚げてみると、発端が赤小本『むぢなの敵討』と同じく「鼠浄土」型になっていること、豆煎りで狸を引き寄せること、狸の背中が燃える時〈ぼう〱山〉と答える件りがないこと、火傷の薬として蓼を用いることの四点が著しい。」

出版年、作者名ともに不明ですが、登場者の傍らにセリフが添えられる体裁から、『むぢなの敵討』より後の出版といえます。前半は『むぢなの敵討』と大筋では共通しつつも微妙に異なるところがあり、そのことが中身のうえでも後の作品と推察させます。そのあたりのことを合わせて見ていきます。

第一画面では、先の作品と同じように農作業中の爺が婆の運んだ団子を食べています。畑での昼食に箱膳付きというのは場違いに映りますが、さらにこの爺は団子をわざと穴に落とすことを繰り返します。そこで婆に、「もったいない、掘り出さっしゃい。菩薩だのに」と諭されます。

団子の原料である米のことを〈菩薩〉と崇めるのは、先にも記したように、日本は長年国をあげて稲作に力を入れるなかで宗教と結びつけてきたからです。また農作業に携わるものには米の生産に要する手間も身にしみています。ところが先の爺とは違い、この爺は百姓気質に欠けているようで、それがこの老夫婦の風貌にもあらわれています。そのために同じような状況を描きながら後の作品と感じさせる一つです。

第二画面には、「爺、団子を掘り出すとて穴を掘りければ、大きなる古狸出ずる。」とあり、絵は爺が狸を縛りあげているところです。

先の婆はむじなの捕獲に加勢していましたが、こちらの婆は爺にむかって、「縛らずと逃がさっしゃい」と声をかけています。

続く第三画面でも、婆は吊るされた狸に向かって、「われは汁の実になるぞ、可哀や、せつなかろう」と声をかけています。そして、「不憫に思い、縄を解き、麦を搗かせけるに、そのまま婆を打ち殺し、汁に煮て置く。」ということになります。

この作品では、食料となる狸になまはんかな情をかけることが身を滅ぼしたと解せます。

狸は縛られるところと、吊るされている二つの画面で四つ足の自然体でいるのは先の作品と共通します。なおこの作品では、狸が婆を打ち殺すところは視覚化されていません。

第四画面では、お椀を手にした爺が、『この汁は婆臭い。不思議な事だ』とつぶやいています。[*7] そして狸は、『婆食らいの爺奴、流しの下の骨見ろ、くゎい〱』の捨てゼリフを残して山へ逃げ

ていきます。

婆汁を食べる爺を見おろす狸は着物を着た男姿のB型に変身しています。彼は五本指のつく両腕を踊るようにかかげ、太いしっぽをたらし、顔はせせら笑うような表情をしています。なおこの作品では、狸が婆に化けたとはしていません。

こちらの絵のほうが先の作品よりおぞましく感じられるのは、爺が婆汁を食べている周辺に料理にかかわる道具が描かれているからです。流しの下の頭蓋骨にいたっては、この作品は猟奇本位に作られたとさえ思われてきます。なおこの話では、狸も「婆をしたたか食ら」っています。

第五画面ではこの話の後半に入り、爺のところに「ふだん心易き兎」が登場し、「御気遣いなさるな、仇は拙者が取りますぞ」と請け合います。

兎も男姿のB型です。長いキセルを手にして爺に豆を煎らせるところは人間と対等にわたりあうといった感じです。その着物の模様の月、すすき、

波しぶきが仁侠ものの風格をそえています。

この第五画面には爺と兎、先の第四画面には爺と狸が描かれています。家の中のこの二つの画面は見開きに隣合せであり、別の視角から描きながら両者をなだらかにつなげています。他の画面にも共通するそのような構図と配置は、絵巻に習う当時の絵本構成上の工夫と思われます。

第六画面では、兎はまず自分で豆を食べて狸をおびき出し、豆を狸にくれるかわりに柴を背負う約束をさせます。

食べ物をだしにして自分の意に従わせるというのは子どものやりそうな単純なやりとりです。このことは口承昔話にもよくありますが、それはこの狸は食べ物にいやしいという性格づけのためです。

第七画面は、兎が狸の背の柴に火をつけて火傷をさせるところです。その際に、「何をかちかちさっしゃる」、「ここはかちかち山さ」、「おお熱いに、柴を取って下さい。悪い洒落だ」の問答が交わされます。

　この画面では、狸は四つ足の自然体にもどっています。この場の状況に応じて身軽になったと受けとれますが、当時においては、熱さに耐えられず己の本体を見せてしまう蔑視をこめていたのでしょう。そうであったとしても、擬人化された動物が火急の場で自分の本当の姿にもどってしまうのは近代の表現に一脈通じるところです。

　ここでは、この話を〈かちかち山〉と称するようになった言葉のやりとりを「悪い洒落」と言っており、そこが当時も笑いを誘ったと推察されます。

　第八画面の文は、「兎、蓼を摺り、狸が背中へ塗り、困らする。」とあり、狸は兎に、「こなたは、先度、よく火傷をさせたの」と言っています。が、画面上では、狸はすり鉢で蓼を摺る兎の様子にひかれ、たちまちそこに気が移ったと受けとれます。

　第九画面は舟づくりの段であり、それは兎が、『川中の深いところで、こなたも俺も遊んだら面白かろ』と「舟遊山」に誘ったためです。
　そこでは兎は鉋の切れ味を吟味したり、狸は土の上塗りに凝ったりの会話があります。その作業に要する小道具がこまごまと描かれており、両者はそれぞれの作業に熱中しているようです。
　江戸期の絵本においては、本筋から少々ずれた

このような視覚化が喜ばれ、それには動物たちが人間のからだをしたB型であることが好都合であったといえます。

最終の十画面では、兎は溺れている狸に櫂を当てており、土舟はへさきをわずかに残して水没寸前です。兎は、『おのれ、よう婆を殺した。思い知ったか。それでおのれを土舟に乗せたわやい』と叫んでおり、その舟には、「うさぎ大てがら」と書いた旗がついています。

B型で描かれる兎と狸は、蓼摺りの画面、舟作りの画面、川で溺れる画面の三か所で、もろ肌を見せています。すると、狸のからだは人間の白い肌であり、そこに火傷のあとが黒ぐろとしています。[*8] 一方の兎は、その顔と人間の肌は白いのですが、筋肉の盛りあがるからだつきはまったく兎らしくありません。それは筋骨たくましいおとなが兎と狸の頭をつけて役どころを演じているのであり、それは芝居から発想された描き方でしょう。

その表現は、絵本の絵が芝居（絵）から離れていないということであり、この作品は、その特徴が著しく表れている例といえます。

先の『むぢなの敵討』のB型の描き方には、これほど芝居絵の影響が及んでいません。それが練られていくところに洗練された動物の擬人化の描き方があると思われますが、瀬田貞二の記述にあるように、文芸の表現は一律に進展の道をたどるのではないということでしょう。江戸期の二つの作品はそのことをよく示しています。

この作品においては、狸は捕らえられる画面と背の柴が燃える画面では、四つ足の自然体で描かれていました。その描写からすれば、水に溺れる画面で衣服が脱げ、本当の姿をちらと見せてもよさそうなものですが、その発想は生まれなかったということです。

全部で十画面のこの作品は、ところどころで登場者を斜め上下に配置し躍動感をそえています。それは絵巻だけではなく縦長の掛け軸の絵の構図のあり方を生かしたと見ることもできます。

注

＊1　江戸期の赤本について

瀬田貞二『子どもの本評論集　絵本論』「絵と物語」〈物語る絵(1)——絵巻物から赤本まで〉［要点］日本の「物語る絵」は絵巻物である十二世紀前半の『鳥獣戯画』、『源氏物語絵巻』にさかのぼる。その世紀の後半（一一七〇年代）の『信貴山縁起』、『伴大納言絵詞』で完成。十三世紀、十四世紀になるにつれ、「物語はグロテスクなものや特殊なものに後退し、描写はしだいに風俗にもぐり、より繊細により平板により装飾になって、通俗的に画一化してい」った。そのあと室町時代末に、絵巻物を簡略化した口碑伝説や昔話や説話の手写本の奈良絵本がおこり、江戸時代のはじめまで百余年続く。
・小型の赤表紙本・（タテ十三センチ×ヨコ九センチ）（十七世紀から十八世紀）そこに「かちかち山」もある。
・中型本（タテ十九センチ×ヨコ十三・五センチ）宝永（一七〇四―十一年）から享保（一七一六―三六年）。
・江戸時代の絵本・赤本（中本）B6判が一般的となる。表紙をのぞき、五丁（十ページ）、絵を大きく描き、余白に細かい仮名書き。（一二六―一三一頁）
上笙一郎『児童出版美術の散歩道』〈日本児童出版美術史の粗描〉〈江戸赤本の誕生まで〉・「江戸赤本は、丹緑本のように彩色されておらず原則として墨刷りで、はじめのうちは版面を上下ふたつに分け、上段三分の一ほどに文章を、下段三分の二ほどに絵を描きましたが、次第に、絵のなかへ適宜に文章を書き込むようになって行きました。」

＊2　地蔵浄土の例
・内ケ﨑有里子『江戸期昔話絵本の研究と資料』（三弥井書店　平成11年）に、「赤本・黒本・青本の『勝々山』ものに関しては、団子を落とすことを取り入れたものが一般的で」とある。（一四八頁）

＊3　熊と人との「食うか、食われるか」
「熊人を助」『北越雪譜』（鈴木牧之編撰　京山人百樹柵定　岡田武松校訂　岩波書店　昭和11［一九三六］年）
『日本昔話大成6　本格昔話五』（関敬吾　角川書店　一九七八年）・「報恩動物・恩知らずの人」〈静岡県〉
・熊に助けられた人があとでその熊を撃ちに行き、かみ殺される。

＊4　日本の夫婦間の隠喩
河合隼雄『おはなしの知恵』（朝日新聞社　二〇〇〇年）
〈かちかち山〉について、「〈輪廻転生〉を信じていた人にとっては、肉体的な死も決して〈終わり〉を意味せず、次の生につながることを確信」。「婆さんが殺され、その婆さんを爺さんが食べることも、それほど残酷な話ではなくなってくる。事実、老夫婦が互いに相手を〈食いもの〉にしたり、自分の肥やしにしたりして生きているのもある……」。

＊5　日本人の動物観のひずみ
松井章〈発掘された動物たち〉「公開討論　人間社会における動物の位置」（『動物と人間の文化誌歴博フォーラム』国立歴史民族博物館編　平成九年）

「日本人の動物観の根底には、動物を殺すことは悪であるというテーゼが建て前の部分にはあるけれども、実際には薬食いなどと称して肉を食べることが、古代以降にごく当たり前に行われていたと考えてもいい」、この「〈殺生・肉食の忌避〉」という建て前のテーゼを掲げながら、実際にはさまざまな階層で肉食を行っていた精神上のひずみが、日本人の動物観に深い陰を与えている…」（一九〇頁）

中村禎里『狸とその世界』（朝日新聞社　一九九〇年）

〈狸の諸相〉［要点］・十二世紀以降、神は仏の仮の現れとされるなかで、それが動物の姿をとることはむずかしくなる。伝統信仰を固執するところでは、動物神の一部は仏＝神の眷族・使者の地位に格下げされるが、神使いの地位を獲得しそこなった動物神たちは域外の神、さらに、異域の妖怪へと堕ちていく。狸は、神使化しえなかった動物たちをひろく包括しながら、中古末・中世の説話において、妖怪として活動することになった。［二二九―二三〇頁］

＊6　欧米の絵画と比べる例

瀬田貞二〈物語る絵(3)――構図の手法〉（『子どもの本評論集　絵本論』）

江戸期の挿絵と十八世紀イギリスのホガースの絵とを比較。［一三九―一四九頁］

＊7　婆汁がくさいという表現

中村禎里「狸の意味」（『狸とその世界』第五章）

〈日本の狸・たぬき〉「タヌキを実際に食べた経験談によれば、この動物の肉は食べられないことはないが臭気がつよく、臭みを消すことはむずかしい。そのためタヌキの肉は食用には不適であり、たぬき汁の材料はアナグマだとする説が有力である。しかもタヌキとアナグマとは形態が類似していて、現在でもなお両者が混同される傾向がつよい。」［二一五頁］

・先の作品はむじな（アナグマ）、ここでは狸だが、両者はイタチ科とイヌ科のちがいがあり、料理すれば前者は美味でも後者は臭くて食用に適さない。この段の匂いに関する苦情は、その実際をもじっているのかもしれない。

＊8　芝居絵からの視覚化

江戸期の一斎画の『昔噺かち〳〵山』（「資料編　江戸期昔話絵本作品の書誌及び写真版コピーと翻字」内ケ﨑有里子『江戸期昔話絵本の研究と資料』［五〇七頁］）も、もろ肌のたぬきは白い肌に黒い膏薬をはる。

第二章　明治期から昭和の終戦まで

この期の「かちかち山」の絵本としてとりあげるのは、大正4（一九一五）年、中西屋書店発行の『カチカチヤマ』〈日本一ノ画噺〉と、昭和13（一九三八）年、大日本雄辯會講談社発行の『かちかち山』の二冊です。

この期における絵本について瀬田貞二は、「近代日本の絵本」（『復刻　絵本絵ばなし集解説』）のなかでつぎのように記述しています。

「一八六八年から一九四八年までの八十年間を現代に近い過去として眺める時、私たちは、その間に絵本の残されたもののきわめて少ないことに、改めておどろかざるをえません。[*1]」

そして、『子どもの本評論集　絵本論』のなかではその時代の絵本として、明治18（一八八五）年から弘文社が発行した来日外人向けの英文による昔話絵本二〇冊ほどのシリーズと、明治44（一九一一）年から発行された巖谷小波の三六冊の〈日本一ノ画噺〉シリーズの二つをあげています。［一三六―八頁］

その両方に「かちかち山」が入っていますが、本文では後者にある『カチカチヤマ』をとりあげ、前者については注に記します。

また鳥越信は、「序章　十五年戦争下の絵本」『はじめて学ぶ日本の絵本史Ⅱ　15年戦争下の絵本』のなかでつぎのように記しています。

「一九二六年から四五年にかけての二〇年間が、近代日本の絵本史の中で、最もダイナミックな時期といえるのは、まず目を見はるばかりの量的な飛躍である。……しかし、時代としては一路侵略戦争への道を突き進んでいるわけだから、一九四五年へ近づけば近づくほど戦時色がこくな

り、良心的なシリーズでさえ好戦的な内容が増えてくる。」(三―四頁)

その「最もよく国策を反映して」いるのが〈講談社の繪本〉シリーズと記していますが、そこに入っている『かちかち山』がここでとりあげるもう一冊です。

ところでこの期に発行された二冊の絵本を見ていく前に、一冊の読本にふれておくことにします。それは、巖谷小波の〈日本昔噺〉シリーズの『かちく\山』であり、それをとりあげるのは瀬田貞二のつぎの言葉によります。

「明治二十七年、すでに三年前に『こがね丸』を投じて最初の近代創作児童文学の栄誉をになっていた巖谷小波は、新しく〈日本昔噺〉二十四篇のシリーズを刊行しはじめました。このシリーズの影響はすこぶる強大で、今日に至るまで、書かれた昔話、読まれる昔話の原型をそこにあおがなければならないのです……。」[*2](「明治1」『落穂ひろい』下巻)〔一〇八―九頁〕

そのシリーズに収まる『かちく\山』が、その後に出版された作品にどのような影響をおよぼしたかを見るにはまずそれを把握しておく必要があります。そこでこの章は、特異な挿絵のつくこの作品からとりあげることにします。

『かちく\山』〈勝々山〉　日本昔噺　第九編

漣山人編　大江小波述　東屋西丸記　寺崎廣業画　東京博文館　明治28(一八九五)年

巖谷小波の初期の筆名で載るこの作品の前半はつぎのように綴られています。

「近所に、一匹の悪戯な古狸が居て、毎晩のやうに穴からのこく\出て来ては、お爺さんの處の

畠を荒らし、折角汗水垂らして拵へた瓜や茄子を悉皆代無にしてしま」うので、お爺さんは「どう〳〵罠をもつて、其の古狸を捕へ」、晩には狸汁にするつもりで出かける。吊るされた狸は、「どうかして逃げてやりたいものだと、頻りに悪知慧を絞り」、親切顔や猫撫声でお婆さんに縄をゆるめさせるや杵をとり、「突然お婆さんに打てかかり、脆くも死んだのを見すまして、狸汁の代りに婆汁をこしらへ、自分は澄ましてお婆さんに化けて、」お爺さんに婆汁を食べさせます。

百年ほど前の文の古めかしさはともかくとして、その文句に語り手の感情のからみつくのがひっかかります。狸に対しては「悪戯」「古狸」「此奴」「悪知慧」「親切顔」「猫撫声」と悪しざまに言う一方で、「汗水垂らして」働く「人の好い」お爺さんには、「久し振で狸汁を食へる、こんな嬉しい事はない」と言わせています。かつてはその口調がもてはやされたのでしょうが、小波の文章が昔話の範とならなかったのもうなずけます。

この話では、お爺さんが狸を捕らえたのは畠を荒らしたためとしています。*3 それは江戸期の理由と比べると月並みですが、お爺さんが狸を捕らえて食べてしまおうとしたことをひとまず納得させます。

つぎの、狸がお婆さんを殺し、婆汁をこしらえ、お婆さんに化けるというくだりは一気に進みます。が、その後のことはじっくり描写しています。

お爺さんは、「現在自分の女房さんの汁とは知りませんから、さも美味さうに舌鼓を鳴らしながら、お代りまでして婆汁を喰べました。すると、今までお給仕をして居たお婆さんは、俄に狸の正體を現はして、『婆喰つた爺やい、流板の下の骨を見ろ！』と尻尾と舌を同時に出して、雲を霞と逃げて行きました。」

お爺さんは、『ヤレ〱可哀相な事をしたものだ。それでは今舌鼓を打ちながら、美味々々と云つて喰べたのは、自家のお婆さんの汁であつたか。それにつけても憎いのはあの狸奴！この復讐は如何するか見ろッ！』と言って、「嬰児同様正體もなく泣き伏し」ます。

この場では、舌鼓を鳴らしとか美味といった味わいに関する言葉を繰り返すのが気になります。それは、お爺さんが嬉々として婆汁を食べたという証であり、つぎに『婆喰つた爺……』と狸にあしざまに言われる根拠となります。この一節は、カニバリズムをとり入れる口承昔話のほとんどにありますが、それらは自分が食われそうになった恨みをこえて、相手を徹底的に侮辱したいという気に満ちています。（参照一三八—九頁）

後半に登場する「此の近所に棲んで居る、年を經た白兎は、至って気性も善く、殊に親切な獣」であり、お爺さんに代わって仇討ちを「頼もしく請合」います。その兎にむかってお爺さんは、『おんなし獣の仲間でも、お前の様に云つて呉るものもあれば、又狸のやうな悪い奴もある。然し天道様は、善を助けて、悪をお懲らしなさるから、あの狸奴も今に屹度お前の為に、酷い目に遭はされるだらう。私はそれを今から楽しみにして待つて居ます。』と言います。

そこで兎は、狸の柴に燧石で火をつけ、「此の山はカチ〱山だから、それで私がカチ〱と云つたのさ。」、「此の山はボウ〱山だから、それで私がボウ〱と云つたのさ。」と進みます。カチ〱、ボウ〱の擬音語を整える一方で、その狸の「背の柴は一面に火に成つて、まるで不動明王の様」とたとえています。

そのあと兎は狸のやけどに唐辛子味噌を塗りつけて、「半死半生の苦痛」を与えます。そして、「思ふ様狸を呵責めて好い心地だと思」い、「狸は死太い奴で……中々死なぬか、此上は猶豫に及ばず、一ト思ひに息の根を止めてやらう」と、火傷の病みあがりの狸の運動のためと称して泥船で海につれ出します。

お爺さんの言うように兎を善なるものと見ようとしてもその言動にはうなずけないところがあります。ただ、最後に狸に聞かせる言葉に仏教用語を入れたこと[*4]が注目されます。

「ヤイ古狸！　おのれはよくも〳〵、及公の近所のお婆さんを撲殺して婆汁にしたな。人間を悩めた天の罰、カチ〳〵山の火責めから、唐辛味噌の苦痛。果は此處で水雑炊に成るのも、婆汁の応報だと思へば、格別腹も立つまいから、覚悟をして往生しろ！」

このようにわずかながら抹香臭い言葉を死にゆく狸に聞かせたのですが、そこに先の狸の背の不動明王の火炎の比喩も重なります。当時はこのような仏教用語を挿入することに違和感はなく、むしろ日本的な情趣で受け入れられたものと推察します。それが以後出版された作品にも微妙な影響を及ぼしているところです。

といってもここにも、「古狸」、「撲殺」、「婆汁」、「水雑炊」と、きつい言葉をおりまぜ、さらに兎が狸を櫂で叩くことを、「脳天を食はせ」とおおぎょうに表現しています。このような過剰な弁舌は当時は芝居の世界と重ねて楽しまれたよう[*5]であり、小波はその肉付けをすることに再話の意義を見いだしていたと受けとれます。

最後に、「狸はキヤツと云つたばかりで、そのまま水底へブク〳〵〳〵！」となり、「お爺さんは大喜悦、お蔭で私の胸も晴れたと、兎の巧名を褒めそやし、其の御褒美には御馳走を沢山にして、後には自分の家に飼ひ、我児も同様に可愛がりました。」そして最後は、「めでたし〳〵。」と結んでいます。

江戸期の『兎大手柄』をはじめ現代の作品も総じて狸が溺れたところで終わりますが、この作品では二つの話の継ぎ目にもどし、全体の決着をより明確にしています。そしてここでは兎はお爺さんに飼われることになりますが、兎を自然に還すことよりも人間の手元におくことを愛護としたところに、その時代と小波の限界の一つがあります。

最後の「めでたし〳〵」という結び文句は、江戸期の他の「かちかち山」絵本にもあり、また小波は〈日本昔噺〉を「瘤とり」以外はすべてこの言葉で結んでいます。そこにはこれで一段落という意味合いもあるのでしょうが、この話を字句通りめでたいとは思えない向きにはその解釈を押しつけられることになります。そこが、語り手と聞き手が呼応しあう口承昔話の結びとちがうところです。

この作品の特徴の一つは会話に凝るところにあります。そのなかで、小波が挿入したと思われるのは海へのり出した際に、兎が『狸さん、なんと好い景色ぢやないか。』と言い出し、狸も『ほんとに、天気は好し、浪は無し、こんな心地の好い事はないねエ。』とこたえ、「漕ぎつこ」をはじめたことです。この会話は狸が、「相手が獣仲間の兎ですから、大きに心を許し」てしまった鈍感さの証ですが、この挿入が戦後の絵本に影響を及ぼしているところです。

さてこの作品は絵本とは異なりますがその挿絵は、この期における動物の擬人化や狸の化け姿の視覚化の表現の参考になります。

表紙には、兎と狸がB型で描かれており、まさかりをかつぐ姿から船作りの場面と知れます。この期には狸の背に火がつく場面は表紙に定着していなかったと推察します。

挿絵としては、見開きいっぱいに描くのが五点あります。兎と狸はわらじ履きの和装の男姿であり、そのB型のからだつきからは、江戸期の『兎大手柄』の芝居絵のようなちぐはぐなところはなくなっています。両者はそれぞれの役どころに見合った人間のからだをしており、兎は狸より一段上等のかっこうをしています。

狸がお婆さんに化けた絵は二点あり、一つは、裾から太い尻尾を出すほかは老婆そのものとして描かれています。それは、狸がお婆さんに化けたというからにはぜひそうした映像を見たいという猟奇趣味を満たすことでしょう。そこにただよう妖怪性は狸だけでなく老婆自身にもあるように感じられますが、その刺激的な絵にひきつけられ、ここではお爺さんがこのうえない屈辱を味わっていることは二のつぎになります。[*6]

狸の化け姿のもう一つは、小さく挿入されたスケッチふうの絵であり、それはお婆さんの着物を着た自然体の狸をA型で描いています。その様子は、婆汁を食べたお爺さんを見とどけた狸が小躍りしながら自身にもどるところと受けとれます。

このように狸の化け姿を二様に描くのは、そのイメージに複雑化をきたすところがあります。というのは、狸は擬人化されたときのからだは人間の男姿であり、化けたときのからだも人間のお婆さんの姿です。そのお婆さんの姿から元の男姿に戻るときは、いったん獣のからだになるということになるからです。そうではなく、狸はこのようにお婆さんの着物を着たにすぎないのに、お爺さんの目にはお婆さんそのものに映ったということでしょうか。

最後の画面は、兎が櫂を振りあげ、狸は舟とともに沈みゆくところが描かれています。その海面には輝く太陽が描かれており、それが構図上のバランスとなり、同時に仇討ちを果たした側の勝利を象徴しています。

この場面の狸の上体は水に沈んでおり、見えているのは人間の手足だけです。この狸は江戸期の作品と同じく吊るされるところでは自然体だったのですが、死にゆくときに元の姿にもどることはなかったのです。

兎はいつも男姿のB型でいますが、お爺さんに飼われるのですから、最後に自然体の姿をちらと見せる機会があってもいいはずです。

縦書きのこの作品においては、挿絵も左向きに進みますが、狸の背に火がつく画面のみが右方向に進んでいます。同じ挿絵をつかう北星堂の英語版（昭和13［一九三八］年）の中ではその右向きがスムースに感じられます。挿絵においても、絵はページを開く方向に流れるのが自然に映りますが、それは見手の側にも絵巻の流れを追う伝統がいつの間にか根づいているということかもしれません。

『カチカチヤマ』〈日本一ノ画噺〉

巖谷小波先生・岡野榮先生・小林鐘吉先生・杉浦非水先生画　中西屋書店　大正四（一九一五）年

（復刻　ほるぷ出版　一九七八年）

この『カチカチヤマ』は明治44年～大正4年に発行された〈日本一ノ画噺〉三六冊の一冊であり、そのシリーズについてはつぎのように記述されています。[*7]

瀬田貞二『落穂ひろい』下「大正」

「この〈画噺〉はB七判をやや細長くした小型本で、厚表紙、粘葉（というか、折本の背を糊づけした袋綴ふうになって）の厚紙二十余丁、片面が文章、片面が絵で運ばれ、中央はみな見開きで下欄に文、絵はみな枠どりで単色ベタの色地の上に墨のシルエットで描かれ、白ヌキがきかされていて、文は七五調の韻文体で唱歌ふうにキャプション化されています。文はすべて小波、絵は杉浦非水、岡野栄、小林鐘吉の三人がそれぞれ一冊を受けもって、全部で三十五冊（とも、三十四冊とも）、昔話あり、歴史物語あり、鳥獣話あり、みな装と文と絵とが簡素鮮明な統一に従い、余分なもののない直截な美しさを印象づけます。版の様式的な画風は、色ベタとシルエットと白ヌキとで意外なほど強烈なデザイン感覚をたたえ、ディテイルを排して単純化した背景にきちんとした写実をきかせた形状が墨のつぶしで配されているのですから、明確なわりに想像をよびおこす効果がありました。」〔二三〇―一頁〕

村川京子「日本一ノ画噺」(『はじめて学ぶ日本の絵本史Ⅰ　絵入本から画帖・絵ばなしまで』第14章)

〈近代絵本の傑作『日本一ノ画噺』〉「〈日本一ノ画噺〉の各作品のレイアウトは、見開きの右側に縦書きの二、三行の文章、左に絵というのを基本としている。作品中の数場面は見開きの絵で、下欄に右から左に横書きに一行の文章という構成である。この使い分けによって、絵は広がりを持ち、リズムと緊張感を伴って物語が展開していく。読者の手におさまりやすく、見返し、扉とめくるごとに絵本の世界に引き込まれる。大人も子どもも繰り返し眺めてあきない、確かな魅力がある。／また、このシリーズの特徴は、使われている文字の美しさにも表れている。表紙と背と奥付を兼ねている扉のタイトル文字は、袋文字の描き文字である。扉には横書きで〈日本一ノ画噺〉というシリーズ名とタイトル文字を同じく描き文字で入れている。著者名、画家名、出版社、出版年ほか、奥付の内容はゴシックと明朝の活字をサイズを変えて使い分け、カットを入れてすっきりとまとめている。本文はひらがなは明朝、カタカナはゴシックで各ページの文頭には本文の4倍程大きな活字が使われている。文字が読みやすく、印刷が鮮明であり、このことは絵と文字の画面全体が幼い読者の注意を引く効果をもたらしている。文字も含めて、装本全体が親しみやすい雰囲気と洗練された美しさを兼ね備えている。」〔二四七頁〕

〈シルエットについて〉「影絵やシルエットは色はないが、かえって繊細なフォルムが印象深い。本来的に自由な想像を許す絵であり、〈日本一ノ画噺〉の小さな判型の中の意外な大きな解放感は絵を見て物語を想像する、子どもにふさわしい表現であったといえる。」〔二五七―八頁〕

〈日本一ノ画噺〉シリーズ全般にわたるこのような記述は『カチカチヤマ』の様式にもよく当て

はまります。そのうえで岡野榮の描く十七点のシルエットふうの絵で構成されているこの作品を見ていきます。

第一画面の文は、「だいじな　はたけ　を　あらした　たぬき　わな　に　かかって　このとほり」とあります。その絵は、たぬきをかつぐぢいさんの姿です。

この話の発端を、文と絵とのかかわりで端的に表しています。それで子どもにも十分伝わったのは、この話はすでによく知られていたからでしょう。

第二画面は、天井に吊るされた「わるだぬき」が、麦をつくおばあさんに縄を解かせようと図る場面です。この一と二の画面のたぬきは四つ足の自然体です。

第三画面の文は、「うまい　くちに　うかと　のり、たぬき　の　なは　を　といたらば、むぎ　は　つかれず　おばあさん、きね　で　とう〱　ころされた。」とあります。

この画面のシルエットに映るたぬきの輪郭は、顔も手足の先も獣のそれですが、からだは筒袖を着た男姿のようでA・B型とします。それが人間並に大きくなって杵を振りあげており、かたやおばあさんは転んで手足をばたつかせています。小さな画面にもかかわらず両者のとっ組みあいはダイナミックであり、かつ鮮明に映しだされています。それは瀬田貞二の記すように、「余分なもののない」バックのためでしょう。

つぎの文には、「たぬきの　ばけた　おばあさん」とあり、画面には囲炉裏の鍋に手をかけているその姿が描かれています。ぢいさんは外から帰ってきて家に入ろうとしています。囲炉裏からたなびく白い煙はそれとともに本当のおばあさんは消えたと感じさせますが、これは日本の遠い昔の出来事という思いで眺められます。

腰を屈めて座るたぬきの化け姿は、とがった口元とひげの見える横顔、丸みのある足先と太いしっぽ、ただし、からだつきはおばあさんふうであり、これもA・B型とします。

つぎは、「たぬき　の　おきうじ　ばゞあじる、ぢいさん　しらず　に　『うまい〳〵。』と続きます。

たぬきはぢいさんにつかえるおばあさんのようなかっこうですわっています。このカニバリズムの異常さをぢいさんの『うまい〳〵』の一言が端的に表しています。

つぎの、「ばゞあ　くった　ぢゞい　やい、ながし　の　した　の　ほね　を　みろ。」というセリフは、これもこの話とともによく知られていたのでしょう。

その画面では、男姿にもどったたぬきを手前に配し、ひっくりかえるぢいさんを後方に置いています。そのために、たぬきは大きく、ぢいさんは小さく見え、それが両者の立場の逆転と見合っています。

つぎに登場するうさぎも衣服を着けたA・B型であり、『ぼくが　かたき　を　うったげる。』と言います。

江戸期の『兎大手柄』同様にキセルをくわえるうさぎが自分のことを〈ぼく〉と言うのはふつりあいに聞こえますが、当時はモダンに思われたのでしょう。

つぎの画面には、火打ち石を打つうさぎと、背の柴が燃えるたぬきが描かれており、文は、「カチカチやま　で　たぬき　の　ひあぶり」とあります。

そこには、〝カチカチ〟から〝ボウボウ〟へとつらなるかけ合いがありません。

この作品のなかには、〝ワア〳〵〟、〝ウン〳〵〟、〝ピリ〳〵〟、〝ノコ〳〵〟、〝ブク〳〵〳〵〟、というぐあいに随所にオノマトペがつかわれていますが、かんじんの〝カチカチ〟、〝ボウボウ〟を欠くのは物足りなく思われます。

続く画面に描かれているのは、うさぎが「やけどの妙薬」と書いた旗を携える姿です。文は、

「……とうがらしみそ　こしらへて、やけど　の　くすり　と　もってゆく。」とあります。

うさぎが薬売りになってたぬきのところに行くというのは口承昔話にも多くあります。それが視覚化されるのはかつての日本の薬売りの姿は面白い絵になるからでしょう。

そのあと、「うさぎ　は　きふね、たぬき　は　どろぶね、きふね　は　ギッチラコ、どろぶね　は　ドンブラコ。」そして最後は、「ふかみ　へ　くる　と　どろぶね　は　とう〱　とろけて　ブク〱〱。たぬき　も　一しょに　ブク〱〱。」で終わっています。

最後の画面では、うさぎは櫂を両手にかかげています。その手前に、くずれたどろ舟と溺れているたぬきを配しています。それはデザイン化された構図であり、この絵本の軽妙な味わいに見合っています。

このように、この『カチカチヤマ』の世界は、文も絵も軽やかなトーンで展開していますが、それを増幅しているのは、この絵本全体の装丁です。

まず表紙には、たぬきとうさぎの形の玩具[*8]が描かれています。扉には、四つ足の自然体で跳ねているうさぎを真横から描いています。（次頁上）

そして表の見返し（次頁中）には、夜空の月の下で〈証城寺の狸囃子〉の歌詞さながらに、これも自然体の親子のたぬきが集っている光景です。さらに裏の見返し（次頁下）には、A型のうさぎの餅つき姿を月の中に映し出しています。この両面にかかる月の明かりは、この話にこもる暗闇を追い払うかのようです。

ただし扉の右ページ（次頁上）に描かれている挿絵の一点にはひっかかるところがあります。それは、ぢいさんが日の丸の扇を掲げて万歳をしている前[*9]で、うさぎがひざまずいている姿です。

そのポーズは、小波の『かち〳〵山』のなかで、「さて兎は、とう〳〵狸を退治まして、お婆さんの仇敵を討ちましたから、直にお爺さんの処へ飛んで来て、右の仕末を残らず話します……」という場面そのものです。

この話から何を感じるかはさまざまでしょうが、その思いを一つに総括してしまうのが「めでたし〳〵」の結びであり、それを絵にしたのがこの構図といえるでしょう。そのポーズにはぢいさんとうさぎとの主従関係が入りこみ、これまでの装丁による遊び心がそがれる思いがします。シルエットの画面はときに静止しながら左方向に流れていきます。そのバックは渋みのきいた朱

色、草色、橙色、青色を交互に配し、写し出された世界はすべてあちら側のこととして眺めさせるところがあります。そのためにこの話の一部始終にさほどこだわらず、この昔話の顚末を気楽に眺めることができます。つまり走馬灯のように、すべての出来事が目の前を過ぎるにまかせるという気分にさせるのです。その趣向を目指す作品としては他の追従を許さない逸品であるのはたしかです。

『かちかち山』〈講談社の繪本〉

繪　尾竹國觀先生　文　松村武雄先生　大日本雄辨會講談社　昭和13年

この『かちかち山』の絵本は、一九三六（昭和11）年に出版されはじめた〈講談社の繪本〉の一つであり、そのシリーズについては以下のように記述されています。

鳥越信「巖谷小波とその絵本」（『復刻　絵本絵ばなし集　解説』）

「昭和十一年十一月、皇太子が幼少の折、いい絵本をという動機から始められたという〈講談社の絵本〉は、大資本による大量生産・大量販売の力もあずかって、当時の家庭に大進出し、一気に絵本の市民権を確立すると同時に、功罪半ばする絵本観を浸透させ、その後の日本の絵本に多大の影響を与えた。／たしかに、当時の日本画・洋画壇のそうそうたるメンバーを総動員して試みられたこの絵本シリーズは、一見、子ども向きの豪華な絵巻物といった趣きで、その一端は今回復刻された『こがね丸』一冊だけからでも察することができよう。しかし、これを見てもわかるように、この絵本のレイアウトは典型的な〈ベッタリ絵本〉であり、色刷りのスペースが増えれば増えるだけ豪華な絵本になる、という単純な量的関係だけを絵本の軸にすえた点で、致命的なあやまりを犯した。しかもこれが大量に普及し、のちの絵本に多大の影響を与えたことを考えると、このあやまりを過小評価するわけにはいかない。」〔八〇―一頁〕

西田良子「講談社の絵本――昔話」(『はじめて学ぶ日本の絵本史Ⅱ　15年戦争下の絵本』第8章〈2〉)

〈「昔話絵本」の変貌〉「〈講談社の絵本〉における『昔話絵本』は、弱きを助け強きを挫く勧善懲悪主義の絵本ではあるが、残酷性はきわめて弱く、むしろ〈一定の繰り返し〉や〈三段階の展開〉を巧みに使った〈表現のおもしろさ〉、時代装束を着た擬人化された動物の、人間そっくりの〈表情のおもしろさ〉に、〈教訓性〉が覆い隠されている上、一流画家の気品のある日本画が、美しい〈昔話の世界〉を現出させていて、当時としては抜群に魅力のある絵本だったと思われる。但し……一九三七年七月日中戦争が始まると、戦意高揚の物語や軍事色の強い広告[*10]を数多く巻末に載せるようになって、本の題名は〈昔話〉であっても、子どもたちは昔話と戦闘物語を続けて読むようになって、とっぷりと〈昔話の世界〉を楽しむことが出来ないものになってしまったのは、きわめて残念なことであった。」〔一六三頁〕

なお『かちかち山』については、「〈殺した〉〈死んだ〉という言葉は一切使わず、狸の生死は読者の想像に委ねている。そのためであろうか、残酷さはそれほど強くは感じない。」と述べています。〔一六一頁〕

さて、これらの作品は絵本の体裁を整えた一つとして作者名も記載していますが、にもかかわ

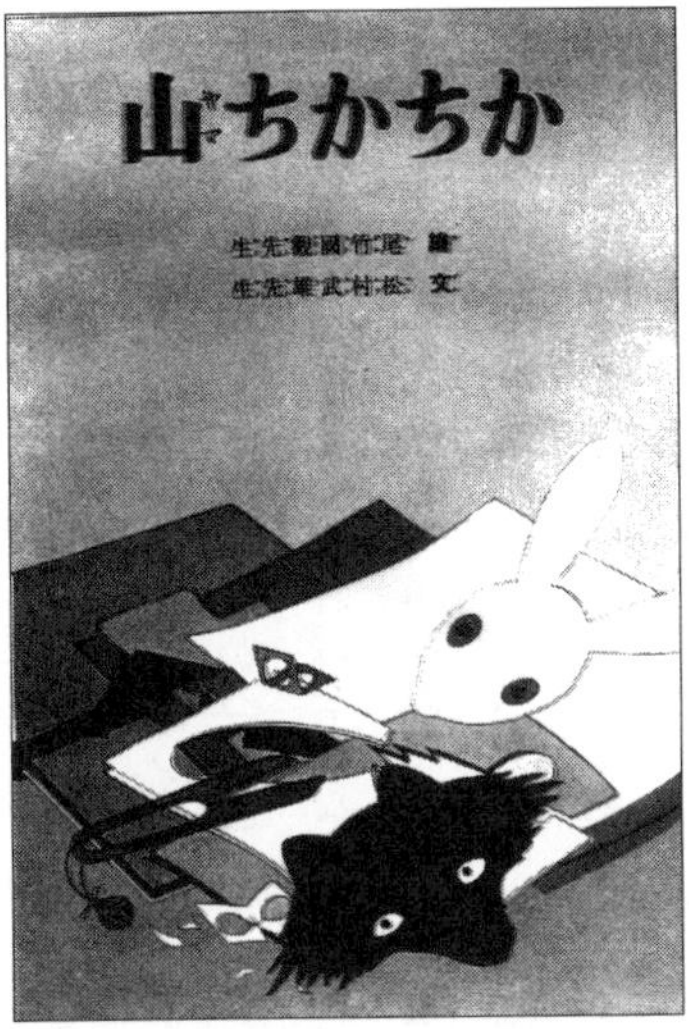
かちかち山《ヤマ》
繪　尾竹國觀先生
文　松村武雄先生

子供が良くなる　講談社の繪本
かちかち山《ヤマ》
教訓繪物語
大日本雄辯會講談社發行

ヒガクレカカルト　オヂイサンハ　イモヅイレタカゴヲニナッテ　カヘッテイキマシタ。ヤガテ　マンマルイツキガ　デマシタ。タヌキハ　ヤブカラデテキテテアタリシダイニ　クキゴト　イモヅヒキヌキマシタ。ソシテ　デキルダケタクサン　カツイデ　ドコトモナク　タチサリマシタ。

らず作者個人よりも、〈講談社の繪本〉と印象づけられるのは、時の為政者が強権力をもって教育・文化に介入してきた時期の出版ということがかかわります。当時の大日本雄辨曾講談社の「愛国と修身と講談と娯楽を兼ねた大衆路線」（瀬田貞二の言葉）は、軍国化に向かう時局に反しないように進めざるをえなかったということですが、そのことがこの『かちかち山』にどう表れているかも見ておかなければならないところです。

まず表題はひらがなで書かれていますが本文はかたかな書き、画面数は見開きで二七枚、そのことを含めて、構成、割り当てなどは出版社側の案であり、作者はそれに応じて制作にのぞんだ[*11]ようです。なおこの作品は二〇〇一年に〈新・講談社の絵本〉（文・構成　千葉幹夫）としてひらがな書きの二二画面で再出版されていますので、そこで気づくことも合わせて記すことにします。

文章を担当する松村武雄はこれよりはやく、大正13（一九二四）年出版の『日本童話集　世界童話大系第十六巻　日本篇』に「勝々山」[*12]を載せています。小波の『かち〳〵山』や口承昔話の影響が見られるその作品とのかかわりにも若干ふれておきます。

表紙に描かれているのは、ウサギが背後からタヌキの背負う柴に火打ち石で火をつけようとしているところです。両者の顔つきからその場の問答がまざまざと思い起こされますが、その場面からの構図はその後の絵本の表紙の範となったと思われます。

まず、タヌキが捕らえられたのは、畑にきて「テアタリシダイニ　クキゴト　イモヲヒキヌキ」、とってしまうからです。そこでオヂイサンがワナをかけて捕らえ、「タヌキジル」にするつもりでいたところ、タヌキはオバアサンに縄をとかせ、「ダシヌケニ　オバアサンニ　ウッテカ

オバアサンハ　ハリノシタニ　ウスヲオイテ　ト
ト　オムギヲ　ツキハジメマシタ。タヌキハ　ハ
ブラサガッタママ　ジット　オバアサンヲミツメ
レハ　オソロシイコトニナッタ。ナントカシテ

タヌキハ　スグニキネヲカカヘテ　フリアゲマ
シタ。ソシテ「ザア　フイテアゲマスヨ」ト
イフナリ　ダシヌケニ　オバアサンニ　ウッテカ
カリマシタ。オバアサンハ　ビックリシテ　ニゲ
スガッテ　トウトウ　キネヲウチオロシマシタ

カ」りました。

このタヌキは作物を盗むために「ハタケヲ　アラシタ」のですが、松村武雄の「勝々山」では狸はそのうえお爺さんをからかっています。口承昔話に多く見られるその文句がここに載らないのは、その内容が非教育的ととらえたからでしょうか。それはともかくとして、タヌキが里芋を手でもって茎ごと運ぶ様子は彼の帰りを待つ家族のあることを連想させるのです。

つぎに、捕らえられて天井に吊るされたタヌキはオバアサンに縄をとかせると、「ビックリシテ　ニゲマハ」るオバアサンに「ドコマデモ　オヒスガッテ　トウトウ　キネヲウチオロシ」ます。

続いてオヂイサンが「ブツダンノマヘデ　ヲガンデヰル」となり、その姿を描いています。〈殺した〉の言葉をさけていますが、それに代わる文がかえってその状況をイメージさせるところがあります。またオバアサンの死を表す仏事の様子は、視覚化されたなかでは少々複雑に作用します。

小波の作品における仏教用語は、人間に起因する動物間の争いにいくばくかのうめあわせのようにはたらきますが、こちらの仏前にまいるオヂイサンの姿は人間本位の癒しのためでしょう。そこにオバアサンの死を悲しむオヂイサンの思いが感じられるとともに、タヌキに報復したい思いのあることもあわせて読みとれるのです。

その点で〈新・講談社の絵本〉は仏壇の画面を削除し、「おばあさんは、しにました。」の一言ですませていますので、余計な勘ぐりは入りません。

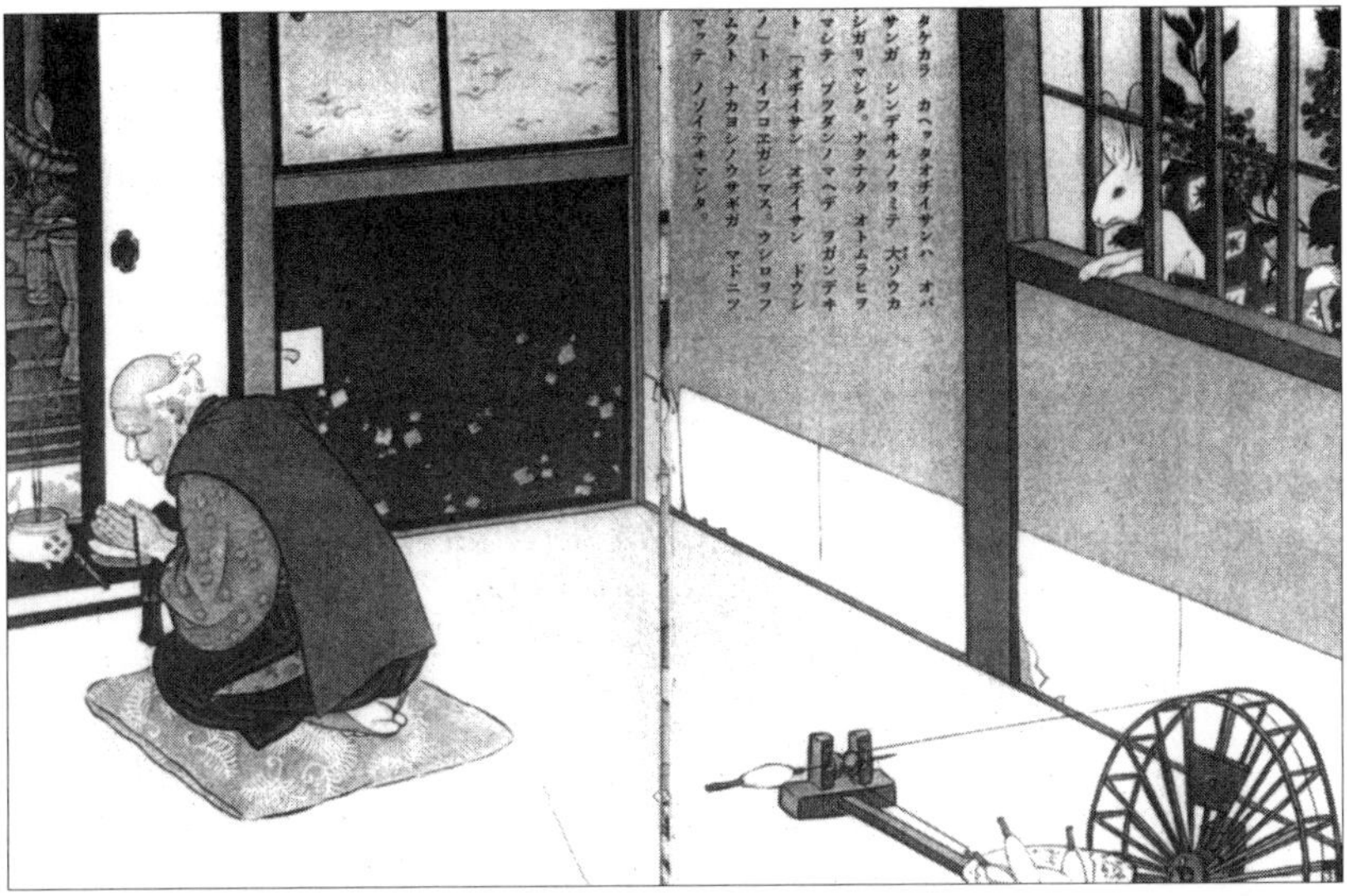
タケカラ カヘッタオヂイサンハ オバ
サンガ シンデヰルノヲミテ 大ソウカ
シガリマシタ。ナクナク オトムラヒヲ
マシテ ブツダンノマヘデ ヲガンデヰ
ト「オヂイサン オヂイサン ドウシ
ノ」ト イフコヱガシマス。ウシロヲフ
ムクト ナカヨシノウサギガ マドニツ
マッテ ノゾイテヰマシタ。

ウサギハ イヘニカヘッテ マ
メヲイリハジメマシタ。「アア
イイニホヒガスルゾ コレヲ
モッテ ヤマニイッタラ タヒ
シンバウノ タヌキメ キット
ニホヒヲカギツケテ デテクル
ニチガヒナイ」ト イヒナガラ
シキリニ ウチハデ ヒヲアフ

ところでこの作品には、オヂイサンがオバアサンを食べたという段はありません。そのカニバリズムは江戸期の作品や口承昔話のおおかたにあり、松村武雄の「勝々山」にも小波の影響を受けながら継承されています。

この作品がその部分を省いたのは幼いものへの配慮や、視覚化される絵本としての考慮があったとしても、第一に考えられるのは、昭和十年代という時局下の出版であったということです。この出版の直後に公布される、〈児童読物改善ニ関スル指示要項〉[*13]の（廃止スベキ事項）「内容ノ野卑、陰惨、猟奇的ニ渉ル読物」[*14]の一行をとっても、その部分を省いたことが納得されます。

さて後半は、ウサギがタヌキを炒り豆で誘い出し、やけどを負わせ、とうがらしみそで苦しめ、土の舟に乗せて海に連れ出します。

ウサギがタヌキを炒り豆で誘い出すのは江戸期の作品にあり、小波の作品からは消え、松村武雄の「勝々山」で復活した部分です。この〈講談社の繪本〉では、ウサギは自分のすまいで「クヒシンバウノ　タヌキメ」を誘い出す豆を炒るのでウサギの家というものを見ることができます。それが人間の家と同じなのは彼らの着ける衣服と同様に動物ファンタジーの視覚上の手法といえます。とはいえ彼ら動物が人間のとまったく同じ家に暮らすのは奇妙と感じるのは、その描き方がどこまでも写実的だからです。

〈新・講談社の絵本〉では、ウサギが豆を炒る画面を削除したためにウサギの家を見ることはありません。そのためにタヌキの家だけを見るのですが、それではやはりアンバランスに感じるのです。

タヌキの背に火をつける場面では、「ウササン　ウシロノハウデ　カチカチイフノハ　ナンダネ」、「コノヤマハ　カチカチヤマダカラ　カチカチイフノダヨ」、「ウササン　ウシロノハウデボウボウイフノハ　ナンダネ」、「コノヤマハ　ボウボウヤマダカラ　ボウボウイフノダヨ」という言葉がかわされます。

〝カチカチ〟、〝ボウボウ〟のオノマトペが整って繰り返されており、そのためにこの話は〈講談社の繪本〉の普及のなかで、そこを面白がる話としてひろまったと思われます。

海に舟で漕ぎだす段では、ウサギは、「タヌキサン　クロイハウノフネガ　ジヤウトウダヨ」と言って自分のつくった「ツチノフネ」にのせ、沖に出ると、「『イイテンキダネ。』『ホントニ　キモチガイイネ』ト　シバラク　アタリヲ　ナガメテ　ヰマシタガ……、『コギクラヲ　シヨウジヤナイカ』」ということになります。

タヌキを舟に乗せるときウサギが天気を話題にするのは口承昔話にもよくありますが、小波の「かち〳〵山」はそこに景色のことも加えています。松村武雄の「勝々山」はそれを受け継いでおり、そのことがここにも影響しているような会話です。それはウサギの陰謀とタヌキの鈍さを示すためであることが、のどかとはいいがたい画面の気配によって伝わります。

タヌキがやられる画面では、ウサギは櫂を振りあげており、タヌキは崩れた土の舟とともに沈んでいくところです。文は、ウサギは、「リヤウテニ　カイヲ　フリアゲマシタ。」とあるだけでタヌキをうったという文句はありません。そして舟が沈みだすと、「タヌキハ『タスケテ　タスケテ』ト　ナキゴヱヲ　ダシマシタ。ソノウチニ　フネガ　スッカリコハレテ　タヌキハ　ブク

ブクト　シヅンデシマヒマシタ。」とあります。

幼い子どもを対象とするために、ウサギがタヌキをうつという表現は避け、あとは受け手の想像にゆだねたということでしょう。

この間に、ウサギは、『コノワルダヌキメ　オバアサンノカタキ　オモヒシッタカ』と叫んでいます。〈新・講談社の絵本〉では、「これは、おまえがころしたおばあさんのかたきうちなんだ。思いしれ。」となっています。

ウサギの言葉からはこれで仇討ちを果たしたという思いが伝わります。昔話の語りはそれで完了しますが絵本というメディアにおいては、いま少しなにかを求めて画面を眺めまわしたくなるものです。そこで海に沈まんとしている夕陽にかけて、悪者タヌキにしても最後に赴くところは西方浄土と思ったりします。それは小波の挿入した仏教用語がそこに残照をとどめたということでしょう。

ウサギは終始自然体に衣服をまとうA型で描か

れています。その服の模様は画面ごとに異なり、地の珊瑚色は白い毛並みと赤い目によくつりあっています。そして海では、タヌキとともに袖口を絞る前ボタンの洋風スタイルになり、まるで身内のようです。

タヌキは杵で打つまでの八画面で自然体でいますが、ウサギと出合うところから衣服を着けたA型に変わります。それは動物どうしがわたり合うファンタジーの世界へのきりかえを演出します。が、十分な転換とならないのはウサギの描き方がかかわっています。

これまでの江戸期、大正期の作品では、タヌキが衣服を着る擬人化がなされるのはおばあさんを殺める段からでした。この〈講談社の繪本〉においては、そこではタヌキはまだ自然体の姿であり、前足に杵をもっておばあさんに打ちかかっています。タヌキが衣服を着て登場したのはウサギと出合うところからです。それまでの作品とは異なるこの間のとり方は、動物は動物たちでかかわり合うところから別の次元の世界になるという表現の可能性をほのめかしています。しかしウサギはオヂイサンのところに来たときすでに衣服を着けており、最後にもその格好でオヂイサンに知らせに行っています。そのために、この世界のファンタジーを二重構造として見ようとしても、その区切りがはっきりしないのです。なおタヌキは出だしで衣服を着けない自然体でいたのですから、最後には衣服が脱げかけることが期待されます。が、前ぼたんという洋風化がそのイメージをむずかしくしています。

最後はウサギが「オバアサンノ　カタキヲトッタ　ハナシヲ　クワシク　シテキカセマスト　オヂイサンハ　スッカリヨロコンデ　ウサギノアタマヲ　ナデナガラ『アリガタウ　アリガタウ

コレデ　ワタシモ　アンシンシタヨ』ト　オレイヲイヒマシタ。」と結んでいます。

しかしこのような結末に、ウサギが人間に代わって悪いタヌキを退治したという満足感をあまり覚えないのです。それはこのオヂイサンの描き方に気にかかるところがあるからです。

このオヂイサンはオバアサンと仲むつまじく、畑仕事に精を出す温厚な農夫として登場します。が、タヌキに畑を荒らされるとその顔つきは憎しみに満ち、タヌキを捕らえるところでは狡猾ともいえる表情に変わっています。それがタヌキジルを期待するところでは手放しに楽天的な様子になり、オバアサンの死にあっては仏教にすがっています。そしてタヌキをやっつけることはウサギにまかせ、その報告を受けると穏やかな表情にもどります。

彼には、江戸期、明治期、大正期のおじいさんのように、伴侶を食べてしまったという償いきれない思いはないわけです。ですから最後に数珠を手に回向三昧にふける姿を人前に見せることができます。それまでは仏にすがり、タヌキがやられることを願っていたということでしょう。それがかなったので気が楽になったのはたしかでしょうが、そうしたオヂイサンのあり方にどこか同調しがたいのは、一般に気品があり美しいと評価されるこの絵本の絵の描き方によると思われます。

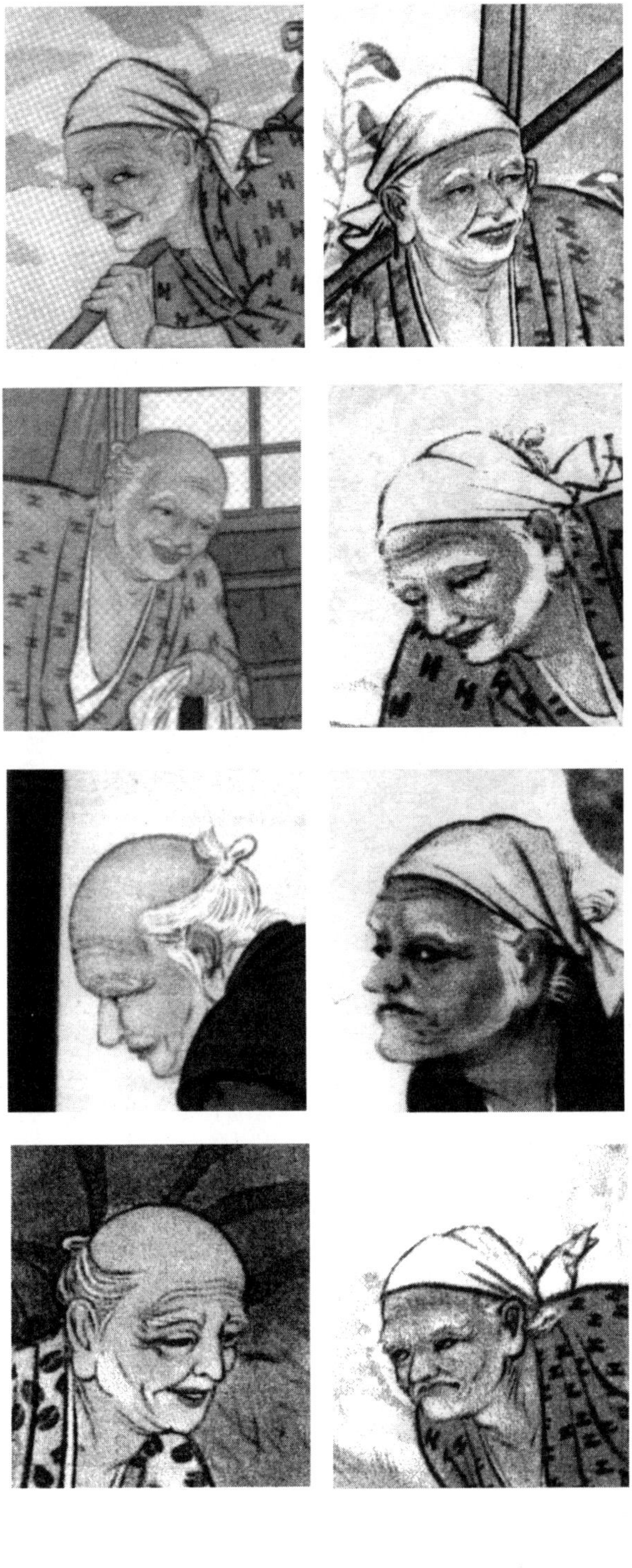

その絵は日本画調で、総じて線も彩りも穏やかなのはウサギとオヂイサンの情の交わし合いに見合っています。が、その繊細で生真面目なところが昔話らしい活力や庶民性を追いやっています。またこの写実的に描く世界に影を一切つけないのは、ファンタジーとしても、どこかあやしげな登場者という感じがします。さらにこれが戦時下において出版されたということから、そこに何か隠されたものがあるような気がしてきます。そこで、この作品を当時の国策と重ねるなかで見えてくるイメージを記しておきます。

日本が大陸侵略をいっそう進めていった昭和10年代のアジアの状況をこの作品と重ねてみますと、人間であるオヂイサンらは日本人側であり、動物たちは侵略される側に当たるといえます。そもそも畑は野生動物の暮らす地であり、人間側は後から入り込んできたものですが、ここでは畑は人間のものであることを当然視しています。さらにその畑のものを盗むというなんくせをつけてタヌキを悪者に仕立てます。そして油断した同胞のオバアサンがやられると、だれもがタヌキを撃つ意義を疑わなくなります。

ウサギはオヂイサンの味方になりますが、戦地においては敵である相手どうしを戦わせるのは定石のようです。ウサギがそれを果たすと、オヂイサンは彼の頭をなでる程度のことですませます。

このオヂイサンのあり方は、ふだんは温厚でも戦地にあっては小鬼と称された日本人像と重ねられなくもありません。この作品は、このように温厚であったり冷酷であったりする人間の二面性を批判的に描いたとするならば、子どもの絵本としてはかなりシリアスな表現といえます。しかし軍事政権下の当時にあっては、このような人間像を肯定的に描いたととるのが妥当でしょう。それはオヂイサンの表情の変化、なかでも最後に見せる姿に集約されて感じられるのです。

そこから伝えられるのは、日ごろは善良な人物で通していても敵をたおすためには醜悪な面をさらすかもしれない。が、たたかいが勝利に終わればまた元の平穏な人間にもどることができるということです。

日本が大陸侵略に向かっている時代に出版されたこの『かちかち山』は、戦意高揚のうねりの狭間の迷う思いに対応する表現となったと思われます。ことに一抹の不安を覚えて戦場に赴く若い兵士にとっては励ましのメッセージとなりえたのではないでしょうか。

このような表現とするときは、カニバリズムの段は不要であり、また動物たちが人間と同様の家にすむのも不自然ではないことになります。つまりこの話が二つの話を結合したためのぎこちなさは、この意図を盛るなかではほとんど解消したのです。

昔話の絵本化においては、伝来されてきた大筋を基本としながら描画のうえには、その時代の雰囲気を無意識的にせよとり入れてしまうところがあると考えます。なおそこに浮上してくる問題は、作品の客観的なあり方に対応させた主観の混じるとらえ方がはたしてどこまでかみ合うかということです。

注

＊1　明治期から終戦までの絵本出版について

〈物語る絵(2)――江戸期の絵本より明治大正まで〉（『子どもの本評論集　絵本論』一三五頁）に、瀬田貞二が本文に記す思いを深くしたのは、一九六五（昭和40）年4月の〈こどもの本この百年展〉の展示本を眺めてのことであることが記されている。

上笙一郎「日本児童出版美術史の粗描」（『児童出版美術の散歩道』）

〈幼児絵本の成熟〉「……実際、誇張を抜きにして言って、日本における幼児のための近代的な絵本は、第二次大戦ののち十数年たった時点において誕生したのです。／このように記すと、おそらく異論をとなえる方があるでしょう――第二次世界大戦のはるかな以前に、わたしたちの国には、たとえば『コドモノクニ』のような高度に芸術的な絵本があったではないかと。たしかに、大正期の童画家たちがこぞって筆をふるった『コドモノクニ』や『子供之友』は、前者は美術的に、後者は教育的に非常にすぐれた出版物ではありました。けれども、それは精確に言えば〈絵雑誌〉であって、せいぜい見開き二ページにおさまる話や童謡くらいしか載せておらず、西欧で普通に見られる〈物語絵本〉――一冊を挙げてひとつのストーリーのために使用した単行本ではなかったのです。」［四八頁］

＊2　巖谷小波（明治7年―昭和8年）の〈日本昔噺〉について

瀬田貞二「明治2」『落穂ひろい』下巻

「……小波は、明治二十年代にはいって、ようやく初年に定めた教育の実が全国に結ばれたころ、耳で聞く昔話を目で読む本の形で、文字を求める用意された多くの若い読者層に提供しえた、時流の適応者となったためではありますまいか。〈日本昔噺〉というタイトルさえ、長谷川本と同じ文字を使ったところをみても、さらに小波の二十四篇が、長谷川本の二十篇とほとんど重なるところからみても、小波がちりめん本をヒントとして、昔話を刊行しようと思いたったことは事実でしょう。日本の子どもたちに外人むけの本から在来種の昔話を新しく提供しようと思いたつ、ここに小波の機に敏な、時に適したなかばの成功があり、さらにその表現を新しい明治の言葉で再話してみせて、新しい明治の教科書で育ってきた、新しい読物を求めつつあった読者に同感させたところに、後のなかばの成功があったのでしょう。」［一〇八―九頁］

・巖谷小波について・福田清人「巖谷小波論―『少年世界』主筆以前を中心に」・滑川道夫〈巖谷小波の史的役割〉

「児童図書出版史の展望」（『近代日本の児童文化』滑川道夫、菅忠道編著　新評論　一九七二年）

・小波がヒントとした〈ちりめん本〉の「勝々山」

"KACHI-KACHI MOUNTAIN"　勝々山　日本昔話　第五号　Japanese Fairy Tale Series タビット・タムソン訳述

一八八五（明治18）年　弘文社

この作品は、日本の昔話を欧米に紹介するための出版であり、英文で書かれた用紙は後に〈ちりめん本〉と称されるように、ちりめんの布地に似せた風合いを見せ、そこに小林永濯によるとされる絵が九点載る。

登場する動物は a badger と a rabbit. 発端は、The badger が、The old man の dinner を食べたこと。

その画面と吊るされた画面では The badger は自然体だが、The old woman を殺して soup にしたところでは顔は badger、からだは人間だが尻尾のつくB型。The rabbit もB型。動物たちは古き時代の和装の男姿。

後半は、The rabbit が炒り豆でさそい、The badger に dry-grass を担がせる。そこに give and take の執拗さがある。

The badger のところに The rabbit は薬売りに扮して訪れる。耳だけつき出す虚無僧頭巾を被っており、その姿は表紙にも描かれている。そのためにこの話は、The badger は The old woman に、The rabbit は薬売りに扮装するストーリーの観がある。

The badger の住む家は江戸時代のしもたやふう。The rabbit の家は描かれていない。

海の画面では、The rabbit が The badger にむかって櫂を振りあげている伝統的な構図。文は、"Then the badger's boat began to sink , and when it was sunking , the rabbit brandished aloft his oar and struck the badger dead , thus avenging the old man's wife."

最後の画面では、The old man が万歳をしながらこの場を見ている。

日本的な装丁がほどこされ、第一画面には火打ち石と風りん、見返しには日本伝来のうさぎとたぬきの玩具、裏表紙には風ぐるまが描かれている。

＊3　狸が畑を荒らす

原田信男『歴史のなかの米と肉　食物と天皇・差別』（平凡社　一九九三年）

「近世初頭には、農耕を市場として生産活動の社会的展開が広汎に見られ、肉の否定とあいまって狩猟の社会的意義は低下したが、その衰退のために、逆に鳥獣が増加して田畑を荒らすという結果を招き、鳥獣を農業生産の害敵と見なす度合いが一層強まった……」とある。狸はねずみなどを捕食するが果実やさつまいもも食べる。

＊4　仏教用語が挿入されることについて

・小波は、この作品の二年前の明治25年に著した『新御伽草子』に「かち〳〵山狸の記念碑」を入れている。昭和5年の千里閣版『小波お伽全集第十一巻伝説篇』中の同名の話にはつぎのような会話がある。それが本文の仏教的な雰囲気の挿入とかかわると推察する。

・兎のセリフ「……總じて友を害めた者わ、其身も命の無い道理だ。世話に成た老爺殿、お内儀さんの仇敵とわ云いながら、おれにわ遺恨の微塵も無い者を、かち〳〵山の火攻めから、土舟木舟の計略で、同じ獣類のあの狸を、無残にも海に沈めたのわ、此兎の大悪業だ。其因果が廻つて来て、今其狸の子供等に、討たれて死ぬのわ兼てから、ちゃんと覚悟を極めて居る。」

・老爺のセリフ「あの狸の菩提が弔つて遣り度い。女房の仇敵と思えば憎いが、死んでしまえば意趣わ無く、却って非業な最期をさせたので、未だに寝覚めの悪い気がする。付いてわ近い中に石碑を立てて、後を弔つてやろうと思う……」

＊5　小波の口演調の文体

関英雄「わたしの中の巖谷小波――体験的児童文学史論――」(『近代日本の児童文化』滑川道夫　菅忠道編　一九七二年)〈さざなみおとぎの魅力〉「小波お伽話の趣向とは、いいかえれば、子どもに密着して子どもに語りかける話の筋立てと、この筋立てを生かす独特のくだけた語りの文体のことであり……この小波調の文体にこめられているのは、実演童話でも草分けという小波の、子どもに直接語りかけることの楽しさにみちた児童愛の心である。江戸期の黄表紙に尾をひく戯作者気質が……駄ジャレ的発想となっていることもたしかだが、……小波の多くのお伽話は、子どものための真剣な〝道化の精神〟に支えられている……。型にはまったセリフだが、その『型』が旧派の劇のようにおもしろいのである。そこには、戯作者小波が読者の子どもと心を通わすための、楽天的な遊びの精神がある。」

＊6　狸の化け姿

・江戸期の『むかし〳〵御ぞんじの兎』(富川房信画　東洋文庫内岩崎文庫蔵『江戸期昔話絵本の研究と資料』)は、この作品の絵と共通する。内ケ崎有里子はその視覚上の合理性を指摘。(終章＊4)

・口承昔話にも狸はお婆さんそっくりに化けるが、お爺さんがしっぽを見て気づくというのが多くある。

＊7　〈日本一ノ画噺〉シリーズについて

上笙一郎「日本児童出版美術史の粗描」(『児童出版美術の散歩道』)

〈幼児絵本の成熟〉「〈日本一ノ画噺〉シリーズは、今では年輩の人しか知らなくなってしまった出版社の中西屋が、明治期の終わりころから大正期のはじめにかけて三十五冊出した小型絵本です。縦二十センチ・横十二センチの大きさですから、いわゆる文庫版よりさらにひとまわり小さい本で、文章はすべて小波が書き、絵は岡野榮・小林鐘吉・杉浦非水の三人が交替で描きました。絵は大半がシルエットを浮き出させたもので、省略とデフォルメに特色を見せていた〈子ども絵〉時代とはいえ、非常に斬新だったと言うことができます。……こうした絵本が作られたのは、外国書をあつかう丸善と深いつながりのあった中西屋のことでもあり、おそらく西欧の絵本に触発されてのことでしょう。そして、このこころみが正当に受け継がれて行けばよかったのに、そうはならず、大正中期以後は絵雑誌中心の時代に突入してしまい、つぎに物語絵本がこころみられるのは、昭和十年代の〈講談社の絵本〉になってしまうのです。」

＊8　うさぎとたぬきの玩具をあしらう装丁について

鳥越信「巖谷小波とその絵本」(『復刻　絵本絵ばなし集　解説』)

「〈日本一ノ画噺〉が、特に杉浦非水の参加によってすぐれたデザイン的感覚で処理され、今日なお通用するばかりか、のちのちまでも古びない新鮮さを持っていることは前述した通りだが、外形的な面においても、小波の戯作者的な趣味趣向は、あますところなく発揮された。」〔七二頁〕

画家・岡野榮・小林鐘吉・杉浦非水の略歴『後刻絵本絵ばなし集解説』〔二〇三―四頁〕

・うさぎとたぬきをデザインした装丁は江戸期の作品以来見られる。

『かちかち山かたきうち』一寿斎芳員画　表紙盛信画　江戸万屋吉兵衛　嘉永ごろ(一八四九―五一)の見返し。(鈴木重三『白百合女子大学所蔵・新収　江戸末期子ども絵本二十三種解題挿図〔白百合児童文化1　白百合女子大学児童文化学会　一九八九年〕・「二重枠内に鼓と玩具の飛んだり跳ねたりの兎(鼓は狸を象徴)」とある。

「かちかち山狸の記念碑」(千里閣版　昭和5年)の口絵。雪うさぎと飾りもののたぬきをデザイン化。(本書裏表紙)

『かちかち山』(大日本雄辨會講談社　昭和13年)扉絵。なお後ろページに、「タヌキ　ト　ウサギ　ノ　オテホン」として雪うさぎと玩具のうさぎ。とっくりと通い帳をもつたぬきの姿。

"**KACHI-KACHI MOUNTAIN**"〈勝々山〉の見返し。

＊9　爺が狸の最期を喜ぶ姿の載る作品
・江戸期の絵本『かちかち山』（東洋文庫内岩崎文庫蔵）と『昔噺かち〳〵山』（名古屋市蓬左文庫蔵）（内ヶ崎有里子「資料編　江戸期昔話絵本作品の書誌及び写真版コピーと翻字」『江戸期昔話絵本の研究と資料』五〇〇頁、五〇九頁）・狸の溺れる画面で爺が日の丸扇を掲げて見ている。
"KACHI-KACHI MOUNTAIN"・海に沈む The badger の前で The old man が万歳をしている。

＊10　『かちかち山』〈講談社の繪本〉の巻末に載る〈教訓繪物語〉と広告
〈教訓繪物語〉五編のうち二編（＊印）は軍事的なドイツ、イタリアの愛国美談である。
・「ツバメ　ト　ヘウタン」宇野浩二・「お猿と椋兵衛さん」＊「ドイツ　バンザイ！」北村壽夫・「仲なほり」水島あやめ・「忠犬〈エス〉」長谷耕作・「ジンギスカンと鷹」水谷まさる＊「松葉杖の勇士」愛宕三郎・「イヒツケラレタシゴト」井草二郎
〈広告〉（『忠勇感激美談』〈繪〉軍事画家諸先生、〈文〉久米元一先生）
「講談社の支那事変繪本は日本人ならみな読むべき立派な繪本だと何處でも引っ張りだこで大評判、とぶやうに賣れてゐます。今度の『忠勇感激美談』も、海軍の大活躍、陸兵の大奮戦、空の勇士の勇壮ぶり等々聞くだに私共の胸をどり血の湧く忠勇感激のお話がどっさりあり、今までにない立派な出来榮えです。更に日本と仲よしのイタリヤとドイツの國の有様のよくわかる畫集や、支那事變、日清、日露戰争、満州、上海事變などの戰の勇壮な物語が澤山あります。来月下旬をお待ちください。」

＊11　〈講談社の繪本〉の編集
上笙一郎編「〈講談社の絵本〉――元編集長・加藤謙一氏の語る」（『聞き書き・日本児童出版美術史』太平出版社　一九七四年）
〈要約〉六〇ページものページを保つために映画をまねてこまかく齣分けして構成する方法をとり、編集部が全体の構成をやり、「第一画面はこれこれのところ、第二画面はしかじかのところ……というふうに決めて、仕事をしていただいた……。」そしてその画家、作家に、「子どもが見てすぐ分かるようにリアルな絵で、しかも恐怖をあたえたりすることがないようという教育的配慮」から註文をつけたとある。
瀬田貞二〈講談社の絵本秘話〉「近代日本の絵本」『復刻　絵ばなし絵本集　解説』

・二十八場面オールカラーの企画。「五十六ページで昔話を収めるには、制作当事者が苦労し」たことにふれている。
［四四頁］

＊12
松村武雄（一八八三〜一九六九年）の「勝々山」

「勝々山」『日本童話集　世界童話大系第十六巻　日本篇』世界童話大系刊行会　大正13（一九二四）年
〈表紙〉狸の背が燃える場面。AB型の狸と兎は上半身。〈挿絵〉畑の狸は自然体のA型。兎は最後に自然体。

〈要所〉古狸が、「畠を荒してしやうがありませんでした。そればかりでなく毎日のやうにお爺さんが畑をうつてゐるところに来て、『あの爺が田うつは、／左鍬にがつかり、／右鍬にひょうろひょろ。』」と囃し、石や土塊を投げる。

「……狸はすぐにお婆さんを料理して婆汁を拵へました。そして自分はお婆さんに化けて……『婆あ食つた爺いめ、流しの下の骨を見ろ。』……」

舟に乗る際に、「いい天気だね」「いい景色だね」「漕ぎくらをしよう」の会話がある。

最後にうさぎがたぬきにかけた言葉。「お前はよくもお婆さんを殺して、お爺さんに婆汁を吸はせたな。おれがお爺さんに代わつて、敵討をするのだ、ざまを見ろ。」

　松村武雄の業績、参照。瀬田貞二『落穂ひろい』下（大正〈内外昔話の採集〉）
・画家尾竹國觀（一八八〇〜一九四五）との共作『日本よい国建国絵話』（昭和14年）
・その他の〈講談社の繪本〉の文担当作品・『桃太郎』（斉藤五百枝画　昭和11年）・『花咲爺』（鮨崎英明画　昭和12年）・『猿蟹合戦』（井川洗涯画　昭和12年）・『大国主命』（鴨下晁湖　昭和16年）・『日本ムカシバナシ』（・「二ツノタマ」田中良画・「オムスビコロリン」吉沢廉三郎画・「一ホンノワラ」黒崎義介画・「カモトリゴンベエ」河目悌二画）（昭和16年）

＊13
昭和10年代の時局
滑川道夫「戦時期の絵本事情」（『復刻　絵本絵ばなし集　解説』）
「内務省指示要綱と児童文化」〈言論弾圧への接近〉〈要点〉昭和11（一九三六）年において、「日本では〈自由教育〉は、昔の夢と化して、国家的統制がしだいに強化されつつあった」昭和12年の日中戦争以降は、「言論統制時代に突入する。統制は、弾圧を呼び、軍国主義を強化していく。日本精神高揚、非常時意識の高唱、国民精神総動員、万民翼賛、臣道実践体制の実現がさけばれる。教育・文化の面においても〈皇国民の練成〉が日ごとに強化され、〈高度国防国家建設〉のための教育・児童文化政策が強力に推進……」された。［八七―八頁］以下、児童文化に関する具体的な進行状況が記されている。

＊14　〈児童読物改善ニ関スル指示要項〉（内務省図書課　昭和13年10月）と〈講談社の繪本〉
宮本大人「戦時統制と絵本」『はじめて学ぶ日本の絵本史Ⅱ』第1章）

〈「児童読物改善ニ関スル指示要綱」の通達まで〉

「一九三八（昭和13）年四月、国会内の反対を押し切って、国家総動員法が可決・公布され、出版も含めて、〈国防目的達成ノ為〉、〈人的及物的資源ヲ統制運用スル〉戦時統制が立法化された。これによって、政府は、必要に応じて、議会での手続きを経ることなく、勅命によって関係法規を制定できることになった。」

「文化統制も、それまでの、共産主義に対する弾圧のような、個々の思想や著作に対する禁止や処罰の段階から、そうした言論・表現の媒体自体を統制下に置き、これを国策遂行目的のために積極的に利用していこうとする段階に入る。出版統制も、その一環であった。」

「こうした流れの中で、絵本も含めて、児童向け出版物への統制も始まる。同年一〇月二五日に決定された、〈児童読物改善ニ関スル指示要綱〉の出版業者への通達が、その統制の本格的な始まりとなった。」（一六―七頁）

「〈指示要綱〉の通達以前から、単行本は出版法、逐次刊行物（いわゆる雑誌のほか、〈講談社の絵本〉のように同一の題で定期的に刊行され、第三種郵便物としての扱いを受けたものも含まれる）は新聞法に基づいて、あらゆる出版物に対して、内務省による検閲が行われていた。単行本の場合、発行の三日前に、内務省に製本済みのものを納本することが義務づけられており、この納本されたものに対して、検閲が行われた。検閲によって、〈安寧秩序ヲ妨害シ又ハ風俗ヲ壊乱スルモノ〉と認められた場合は発売頒布が禁じられる。だが、児童絵本、特に〈赤本絵本〉類は、検閲者の視野に入っていなかったらしい。児童読物統制を始めるに当たって、児童読物の場合、どのようなものが〈安寧秩序ヲ妨害シ又ハ風俗ヲ壊乱スルモノ〉に相当するかについて、一般の出版物とは異なる独自の基準を設けようというのが〈指示要綱〉作成の主旨であった。」

「児童読物統制にいう〈児童読物〉には、あらゆる子ども向けの出版者が含まれる。このうち当初から特に問題とされたのが、大日本雄辧會講談社などの大資本による少年少女幼年雑誌と、〈赤本〉業者の手掛ける〈赤本絵本〉、特にそのうちの漫画本であった。」

「通達に引き続き、内務省は〈赤本漫画〉と雑誌数点に対して、発禁、注意、警告などの処分を行う。」
「この後も、〈講談社の絵本〉の誇大広告削除を含む雑誌七件の処分、〈赤本漫画〉の集中的発禁など、翌年二月までに処分開始から合わせて六〇件余りの処分を行っている。」
「大資本による少年少女雑誌と〈赤本漫画〉は、いずれも、営利を優先して、読者としての児童への教育的配慮を欠き、芸術的にも低劣な出版物によって、児童に悪影響を及ぼしているとされた。この、営利主義批判と、教育的・芸術的な質の低さに対する批判とにおいて、児童読物統制は、〈良心的〉な児童文化関係者の積極的な支持を公汎に得ることになる。」（一八—九頁）
浅岡靖央「〈児童読物改善ニ関スル内務省指示要綱〉にいたる経緯」（『児童文学研究第23号』一九九一年　日本児童文学学会）
注12に「絵本・漫画類が雑誌扱いになり、内務省への納本の対象になったのは一九三八年三月頃と推定される。『出版年鑑（昭和一四年版）』（東京堂、三九年）所蔵の「出版界一年史」（昭和十三年度）には、〈本年四月号より、『講談社絵本』が雑誌扱いになった〉（一五頁）とある。」と記されている。
滑川道夫「戦時期の絵本事情」
・〈指示要綱〉に先立ち、同年二月二二日には〈紙芝居検閲制度〉（保安部長名による）を実施。そこには「時局下に於ける児童教化上の見地から」・〈残忍ニ過グルモノ・猟奇ニ過グルモノ・徒ニ童心ヲ蝕ムモノ・其ノ他教育上児童ニ悪影響を及ボスモノ〉は〈作成セザルコト〉とある。［八八頁］
・このことからも、昭和十二年に内閣情報部参与に任命されていた社長野間清治は〈講談社の繪本〉の中の省くべき事がらを察知していたはずと推察する。

第三章　戦後期

戦後に出版された絵本としてとりあげるのは、昭和42（一九六七）年出版のポプラ社の『かちかちやま』、昭和45（一九七〇）年出版の講談社の『かちかちやま』、昭和63（一九八八）年出版の福音館書店の『かちかちやま』の三冊です。

戦後の昔話の絵本については、齋木喜美子「民話絵本」『はじめて学ぶ日本の絵本史Ⅲ　戦後絵本の歩みと展望』鳥越信編　ミネルヴァ書房　二〇〇二年　第11章）の記述があります。[*1] 同書には、一九六〇年代に〈伝承・昔話絵本〉、一九七〇年代に〈民話絵本と民話風創作絵本〉の項目がありますが、八〇年代、九〇年代にはそれがありません。隆盛期の熱気はおさまって今日に至っているということでしょう。

さて、とりあげる二冊の文を担当する松谷みよ子は、昔話を民話と称するなかで日本の土俗的な風合いを大切にしているといえます。

また小澤俊夫は、スイスのマックス・リュティのヨーロッパの昔話における理論の紹介をするなかで日本の昔話に当たり、その共通するところを指摘しています。

両作者には長年にわたって日本の昔話の編纂に当たるという共通点があり、したがって口承昔話に依拠した表現を第一としています。しかしその口承昔話はいくとおりもあるわけで、その顕著な例として前者にはこの話のカニバリズムの場面がなく、後者にはそれがあります。そのことを含めてそれぞれの昔話に向かう姿勢が作品のなかにどう具体化されているかを見ていきます。

『かちかちやま』〈むかしむかし絵本〉

ぶん　まつたに　みよこ　え　せがわ　やすお　ポプラ社　昭和42年

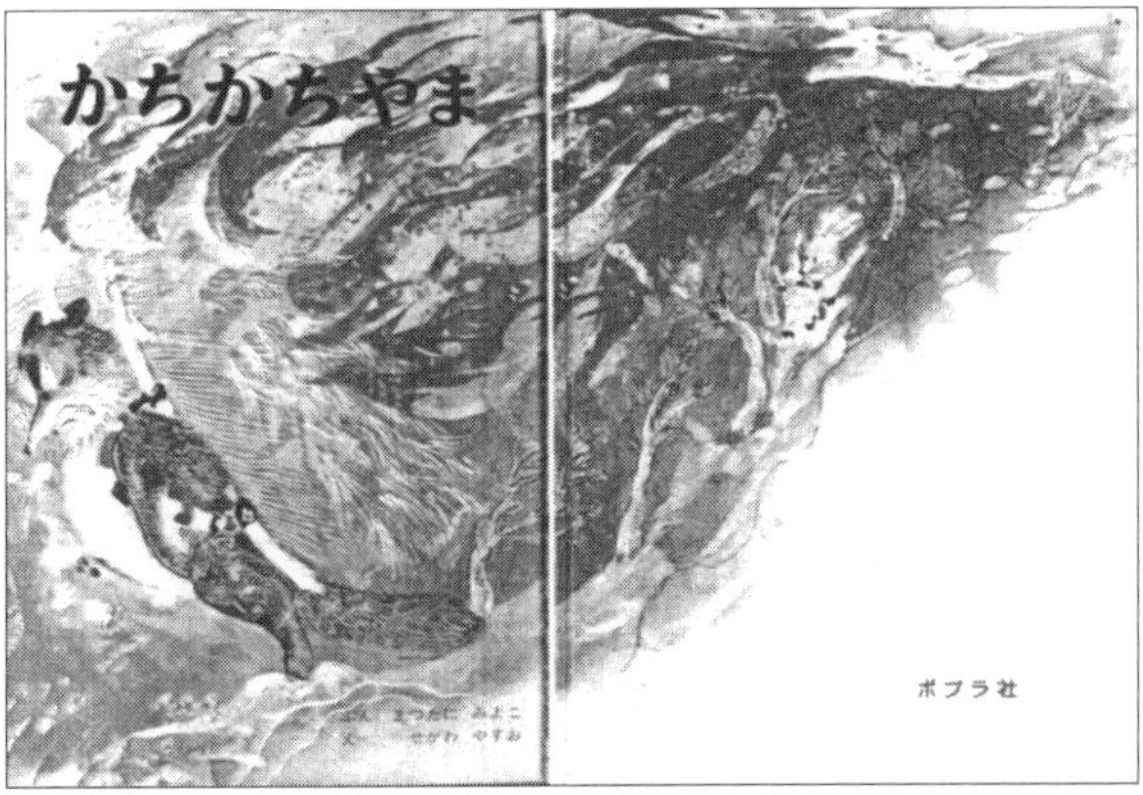

松谷みよ子文、瀬川康男絵によるこの絵本は、[*2] とりあげる三冊のなかでもっとも早い出版ですので、ことに戦前の〈講談社の繪本〉と比べながら見ていきます。

表紙ではたぬきが赤い炎に包まれており、それにつながる裏表紙ではうさぎが逃げ去ろうとしています。衣服を着けない彼らは二本足で歩きまわる自然体ですが、表情はそれぞれの気持ちをよく表しています。そこでまず伝わるのはたぬきの驚きようであり、それが少々滑稽に思われます。先の〈講談社の繪本〉の表紙にも同じ状況下のタヌキとウサギが描かれていましたが、その描き方はその場の様子をまずは客観的に伝えます。それに対し、こちらのポプラ社版は感性に訴える度合いが大きいのですが、それは全体を覆っている火の色とかかわります。刺激的な赤に金色の混じるこの炎はたぬきの困惑とは別に、この話の進展に活気的なものを期待させます。構図は同じようでも、絵は描き方によって多様な受けとめ方をさせるということです。

松谷みよ子の文には、これまでにはなかった口承昔話の口調が息づいています[*3]。その特徴は、「……そうな。」

という結び方と、ところどころに唱え文句をおりこむことです。

その手はじめとして、たねまきをするじいさまは、「ひとつぶは　千つぶに　なあれ／ふたつぶは　万つぶに　なあれ」と唱えます。それに対してたぬきは、「ひとつぶは　ひとつぶの　ままよ／ばんに　なったら　もとなしよ」とからかいます。

口承昔話によくあるこの唱え文句には懐かしい日本語のリズムがあり、先祖のおおかたが農耕民の私たち日本人は、一粒のたねからたくさんの実の結ぶイメージを一瞬楽しみたくなることでしょう。それが翌日もう一度繰り返され、話はつぎに進みます。
この唱え文句のやりとりには、人間と野の生きもののたねに対する見方のちがいがよく示されています。農耕する人にとってたねはたくさんの食料を得る元ですが、野生のものには食べておしまいというものです。それが動物と人間を分けるところですが、ここではたぬきがその理屈で農耕に励むじいさまをからかっているのであり、たぬきはまさにそうした表情をしています。

翌日じいさまは、畑で、「きのう　たぬきが　こしを　かけていた　木のねっこに　まつやにをぬ」り、またもやからかうたぬきを動けなくしてから捕まえます。そのたぬきを藤づるで縛って家に持ち帰り軒下に吊るしておいたところ、たぬきは臼で粉を搗くばあさまにうまいことを言って藤づるを解かせ、「いきなり　ばあさまを　ひとたたきして」、山奥へ逃げてしまいます。

ところで、この絵本と戦前の〈講談社の繪本〉の『かちかち山』の共通する点は、たぬきがじいさまに婆汁を食わせる段がないことです。作者は、〈『かちかち山』によせて〉のなかで、長い間この話が好きになれなかったのは、「たぬきがばばあ汁をつくっておじいさんにくわせ、『ながしの下の骨をみろ。』といって逃げていくあたりの残酷さが、幼い日の印象となってのこっているからではないかと」述懐し、「おばあさんがたぬきによって打ちころされたということだけでよいのではないかと思ったので」省いたとしています。先の〈講談社の繪本〉では、〈野卑、陰惨、猟奇的〉と見なされるおそれから、時局に合わせて省いたと推察しましたが、受け手側にも拒否したい思いがあるということで、それを欠く口承昔話もいくつかあります。[*4] それはともかく、ここではその〈残酷〉の痕跡が、「たぬきじるなど　だれ　なるべ　ばばあじるでも／くってございい」というたぬきの捨てゼリフに残されており、そこが〈講談社の繪本〉と一味ちがうところです。

画面の共白髪の老夫婦の容姿には、農業に従事しながら暮らす人の穏やかさ、素朴さが風格化されています。じいさまが百姓のたくましさに欠け、少々はかなげに映るのは、後半でかえりみ

られなくなる存在にかなっています。また、ばあさまの白い遺骸が臼に載る光景は、菜食の膳に獣の肉が混入することに対する人身御供のように映っています。

うさぎはじいさまのところにやって来て、じいさまとともに泣き、[*5]「きっと　たぬきを　こらしてやるから。」と言います。

〈講談社の繪本〉に至るまでは、うさぎは頼もしい男気で仇討ち話をすすめていましたが、戦後においては仇討ちをひややかに見るようになったといえます。そこを強調しないために、うさぎにはひとの不幸に同情する心があるという表現がより大事にされるといえます。見手はその意味で今後もうさぎのやり方にあまり厳しい目が向けられなくなることでしょう。

その後半の内容は〈講談社の繪本〉と共通しますが、文と絵のおりなす風合いはかなりちがっています。

たぬきの背で燃えるのが柴から茅になっていますが、いずれもかつての日本の暮らしに欠かせない自然のものです。うさぎは茅を刈りながら、「かやかや　かれかれ　千ば　かれ　あすはちょうじゃの　やねがえだ」と唱え、茅が〈ぜにこ〉になるとたぬきの気を引いています。

ここでは、茅を買い集める長者という言葉が少々煩わしく感じられます。ここに登場するのは、人間のじいさまとばあさま、動物のたぬきとうさぎであり、彼らは互いにかかわり合う四点です。彼らのほかに話題になるものがあるとそのものも登場し、ここにかかわりあってくるのかと思ったりするからです。

絵を追いながらストーリーをたどる絵本においては、その世界とあまりかかわらないものが話題になるのは好まれないと思われます。それは絵本においては、視覚化された映像にゆだねてストーリーを楽しむ受身的な感覚になっているからであり、そこが、耳からの語りによって能動的にイメージさせる表現のあり方と異なるところかもしれません。

うさぎがたぬきの背に火を放つ際に、〈講談社の繪本〉では、「コノヤマハ　カチカチヤマダカラ　カチカチイフノダヨ」、「コノヤマハ　ボウボウヤマダカラ　ボウボウイフノダヨ」と説明調でしたが、このポプラ社版では、「なあに　かちかちやまの　かっちんどりさ。」、「なあに、ぼうぼうやまの　ぼうぼうどりさ。」といったぐあいです。その言い逃れの文句は面白く響き、そのような鳥までも夢想させます。

つぎに合ったとき、うさぎはたぬきに「かややまの　うさぎは　かややまの　うさぎ。とうがらしやまの　うさぎが　なに　しるべさ。」とかわし、さらに、「とうがらしやまの　うさぎは　とうがらしやまの　うさぎ。すぎやまの　うさぎが　なに　しるべさ。」と繰り返します。

そこでたぬきは、目の前にいるうさぎは先に出合ったのとは異なるうさぎと思いこむわけです。この言い訳は口承昔話に多く見られるのですが、子ども時代にはそれを欠くことを不足に思わなかったものです。それが入る現代の絵本においては、〈かちかち山〉でのたぬきの火あぶりは、じつは〈かや山〉でのことになり、聞き手の頭のなかもたぬき同様に少々こんがらがることでしょう。しかし、その言い訳の繰り返しは面白く聞こえ、それでだまされる日本のたぬきのまぬけぶりをたのしむわけです。

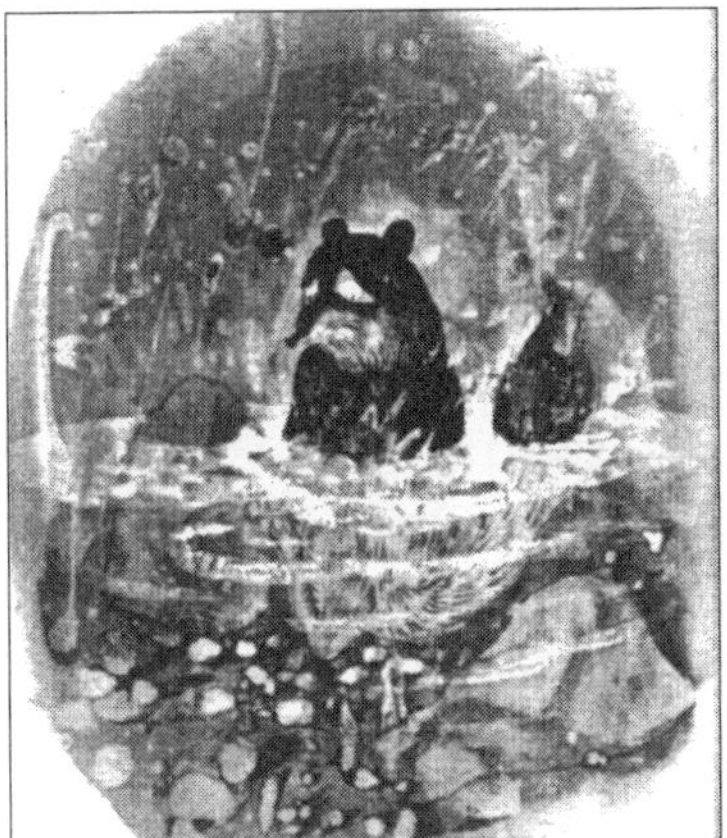

話の進展ではつぎはうさぎがたぬきの背にとうがらしみそを塗るところですが、目に入るのは、たぬきが川の水でとうがらしみそを洗い落としている様子です。前の二つの画面が火やとうがらしの赤で覆われているために、ここに青い川の絵が置かれるのはそれなりの構成といえます。が、絵でストーリーを追うものは、デッサンふうの挿入ではなく、その場面をしっかり見たいと思うのです。なんといっても後半の要は、うさぎがたぬきを三度やりこめることであり、その三つの山場は当然目の前に展開されると期待しています。

舟を作り川に漕ぎだす段で、うさぎは、「おらは　白い　から　木の　ふねを　つくる。たぬきどんは　くろい　から　くろい　どろぶね　でも　つくってござい。」と言い、川中にくると、「すぎの　きぶねは　ぶんぐら　どろの　ふねは　じゃっくら」とうたいながら舟ばたを叩きます。

そこでたぬきも、「まけんきを　だして」同じように舟を叩いたので、「どろが　しめって　くずれだし、ぱっかり　われて、しずんで　しまったそうな。たぬきも　いっしょに　しずんで　しまったそうな。」となります。

この水上の画面は、戦前の絵本とのちがいをもっともあらわすところです。まず、この動物たちが川に漕ぎだしたのは、舟を「川へ　おろして、さかなを　どっさりこと　とる」ためということになっています。

それは、炒り豆の匂いに引かれるたぬきは食べ物にいやしいという性格づけと対をなしていたのです。その前者があることにより、魚つりは自然な成り行きとなりますが、それを欠くなかでは、魚を口にしないうさぎがそれを言い出すのは少々唐突の観がしないでもありません。そのために、これまでの舟に乗る口実は変わってきたと思われます。

絵のなかで、たぬきは粘土遊びをしているようにうれしげに自分の舟をつくっています。そのためにどろの舟は水に弱いことに気づかないようであり、その浮かれ気分の延長でうさぎをまねてふなばたを叩いたと受けとれます。

日本の昔話にはこのように、ひとのまねをしたものが不運に見舞われるというのがよくあります。〈こぶとり〉、〈したきりすずめ〉、〈はなさかじじい〉は、欲にかられて相手のまねをして失敗をします。このたぬきもさかなを取りたい欲にかられているのはたしかですが、隣の爺のように相手をねたむ気はなく、その合間に舟づくりや舟こぎをたのしんでいるところがちがいます。

うさぎは舟上では囃し言葉以外は何も言わず、何の手だしもしていません。そのために、うさぎのたぬきを撃つという意気ごみが、この場面でどうであったかはさだかではありません。しかし、うさぎがもくろんだように舟は壊れ、たぬきは溺れたのです。そこでうさぎがわが意を得たりと喜んだかというと、それも含めてその間のことは見手の想像にまかされているようです。ここではっきりしているのは、たぬきが溺れたのは、その舟の材料であるどろと水の関係ということだけです。

このたぬきがそこで溺れ死ぬとは断定できませんが、「これで　おしまい　とっぴんぱらりの

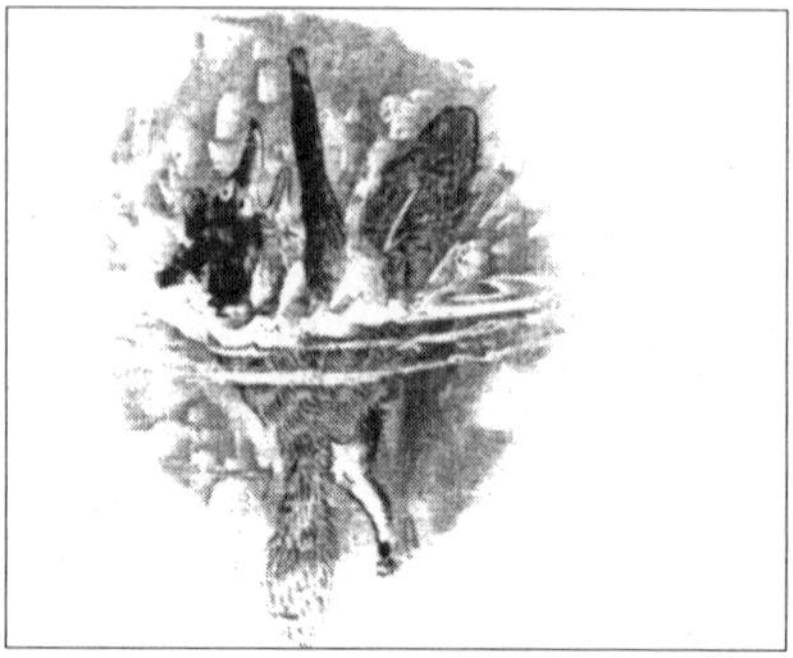

ぷう」と結ぶので、そのことに拘泥するのはほどほどにします。が、絵本というメディアは、すぐさまページを開きかえし、気になった画面に見入ったり、さらにはじめから見直したりが容易にできます。その点で絵本の表現においては、繰り返し見入るその視線に応えられる絵であることがもっとも大事と思われます。

この後半におけるたぬきのあり方からは、彼は悪者という印象はあまり受けません。せいぜい欲ばりであり、慎重さに欠け、たやすくだまされるお調子ものです。うさぎからさまざま仕打ちを受けるのにその真意のつかめない彼には愚鈍なものの哀れさがともないます。この絵本の創造性は、この世界の雰囲気を全体に陽の方向にむけながら、日本文化特有の哀れみの情をひそませたことでしょう。それは前半の老夫婦のつつましやかなあり方に反しない感情と思われます。

うさぎとたぬきのからだつきには毛で覆われた哺乳類のしなやかさが感じられ、その毛並みに衣服はまったく必要ありません。うさぎの毛は白ですが目は赤くなく、どこまでも野に生きるものと受けとれます。そのうえで小柄で機敏なものが、愚鈍なものをやりこめる様子を両者の振舞いや表情によって描き分けています。この世界にカニバリズムが入れば破綻をきたすだけであり、それなしでこの世界は十分成り立っています。

各画面は自在な線とその場に見合った色合いで構成され、そこに日本の風土がまろやかな風合いで展開します。それらは各シーンと調和し、絵と文もほどよくかみあっています。そして、じいさまがたぬきを捕らえて家に着く、たぬきが山へ逃げる、うさぎとたぬきがかや山を行く、川を舟で行くという場面でつねに左に向かい、ところによって立ち止まる静をおりまぜています。このように絵巻きにならう流れをはじめ、日本絵画の美的な技が、子どもを対象とした絵本の世界に十分に発揮されています。

『かちかちやま』〈日本のむかし話〉 瀬川康男　絵　松谷みよ子　文　講談社　昭和45年

この作品は、先のポプラ社版の文と絵の作者によって描かれたもう一つの「かちかちやま」絵本です。ポプラ社版より四画面多い二〇画面ですが、筋は同じ、動物が衣装をつけない自然体で登場するのも同じです。しかし全体の印象はかなり異なっていますので、そのあたりのことを集中的に見ることにします。

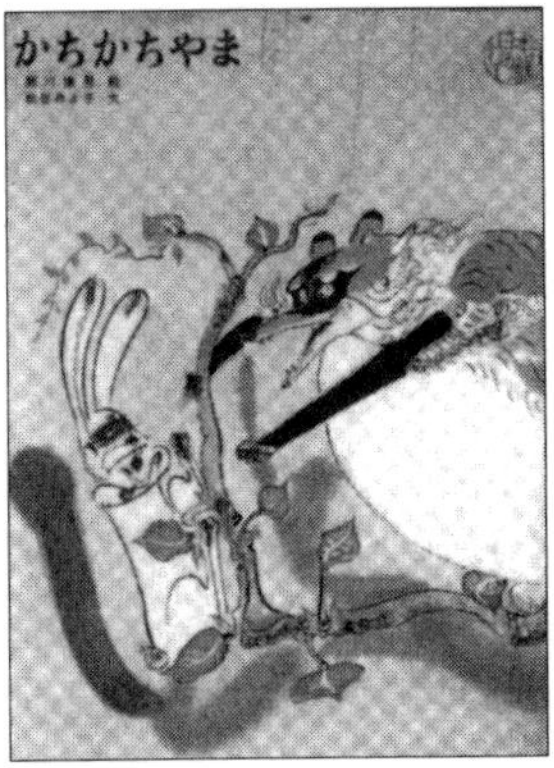

表紙では、たぬきがうさぎに向かい、「この　しょうわる　うさぎめ……」と責めているようですが、たぬきの背にやけどのあとはなく、そういう場面はこの話の筋のどこにも該当しません。そこでこの絵は、両者の間がこのような〈いさかい〉の関係にあることを表していると見ることにします。

流麗な線と利休色や枯色で自在に描かれた絵は、先の作品の絵より一段と日本画の粋をいく画風です。そのなかで唐辛子を一面に描く見返しは、はじめから辛くて渋い話と感じさせます。

文には「……ねえ、」という語りかけがときに入り、あとは「……ます。」、「……ました。」、「……ましたって。」と結んでいます。また、たぬきの背に火をつけるところは、「かちかち山の　かっちんどりが　ないているのさ。」、「ぼうぼう山の　ぼうぼうどりが　ないているのさ。」と説明調です。こうした文体は、先の作品のリズミカルなテンポとはちがって、全体にはずみのつかない運びとなっています。

先のポプラ社版は、おじいさんがたぬきを捕らえて家に持ち帰るまでを四画面にまとめていますが、この講談社版は六画面を当てています。二画面多いだけたぬきの悪さはひどくなり、じいさまの怒りもねっちりと、かつあらあらしくなっています。またたぬきに殺されるばあさまの姿もふ抜けのように映り、まったく同情心をそそりません。老夫婦に肩入れする気になれないのは、じつはそう感じさせるのがこの作品の意図するところのようです。それは動物たちについてもいえることです。

長い黒毛がいく筋か首にまといつくたぬきはいかにも古だぬきといったふうで、その強欲さは異様につきでた腹に表れています。その背が燃えるところでは、小波が〈日本昔噺〉の『かちく〳〵山』で形容した「不動明王」の火炎につつまれています。さらにその背がやけどで柿色になったところは茶褐色の袈裟をはおる僧を連想させ、形骸化された仏教のあり方を具象するかのようです。

うさぎという哺乳動物は一般に子どもに好まれますが、このうさぎの形をした白い生きものは抱く気になれないでしょう。じいさまに同情して泣いてみせますが、たぬきの苦しむ様子を見て悦に入っているようで好感がもてません。じいさまのところに駆けつけては、「わるい　たぬきは、もう　しんだよ」とか、「たぬきめ。まだ　生きて　いたが、きっと　やっつけるから。」と知らせています。自分と同じ動物仲間を苦しめておいて人間におもねるものは、白いうさぎであっても許せないという気にさせられます。

この絵本で唯一見手がほっとするのは、両者が舟で川中にこぎだした画面です。たぬきもうさぎも流れに身をまかせるのがうれしげに顔を見合わせて笑っています。小波の『かちく山』のなかの、『狸さん、なんと好い景色ぢやないか。』、『ほんとに、天気はよし、浪は無し、こんな心持ちのいいことはないねえ。』という声が聞こえるようです。

この光景で特異なのは、うさぎとたぬきの間にのぞく岸辺に赤いよだれかけをしたお地蔵さまと一羽のからすが見えていることです。川遊びに興じるかに見えるこの一時、うさぎの頭からもたぬきを撃つという考えは消えていたと思われます。このようにその一瞬を画面の上に停止して見せるのが絵本の独自性といえます。しかしそうであっても、川の流れとどろの舟の瓦解をくい止めることはできません。つぎの画面で、たぬきが水に沈むのを目の当たりにしたうさぎは息を

のんだようにすくんでいます。それを見たからすは一声笑うように鳴くでしょうが、お地蔵さまの心中はどんなであったことでしょう。そこには、〈いさかい〉の結果のおぞましさがこのうえない形で表現されており、これまでの描き方はすべてここに収斂されるためであったと納得します。

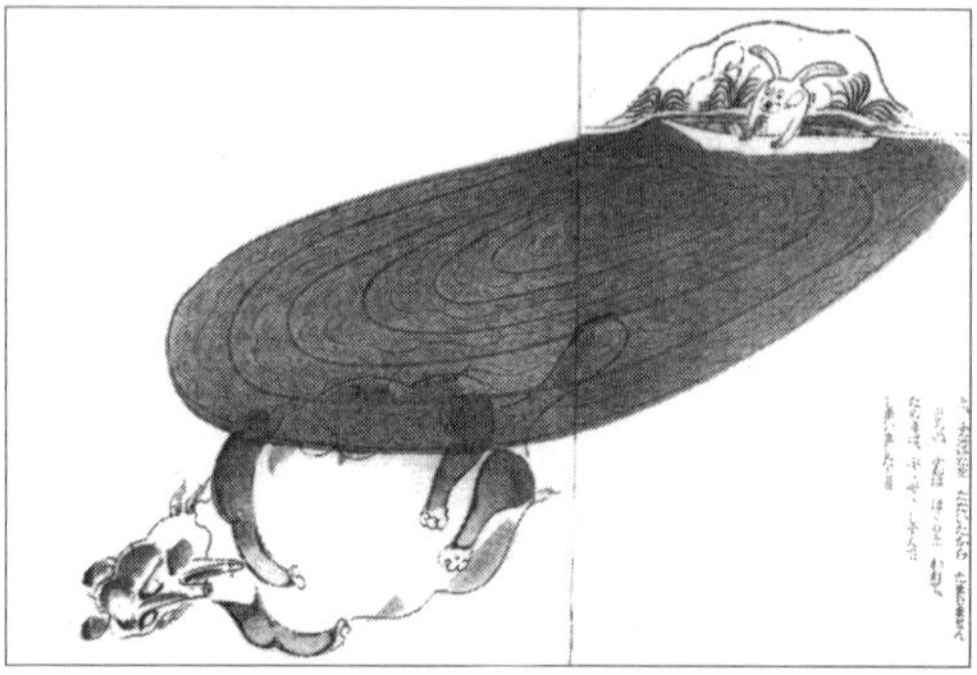

このようにうさぎとたぬきがそれぞれ生きている喜びをかみしめた一瞬の後に、この話の進展どおり、たぬきは奈落に突き落とされます。その画面の水中に横たわるたぬきは完全に死んだと読みとれますが、その様子は、〈いさかい〉の結果というものは、だれにとっても勝利感とは無

縁であることを伝えるでしょう。

この作品の独創性は、小波が『かち〳〵山』の中に挿入したうさぎとたぬきの舟上の会話から想起されるその場の情景を描いて見せたことです。その自然に包まれたなかでは、自然体である動物どうしは、人間的なしがらみから心を解き放たれたと見ることができます。しかしこの動物たちは人間のために殺し殺されなければならないという筋道から逃れられないのです。その不条理に気づかせてくれるのがお地蔵さまの姿です。その素朴な姿は人間も動物も分けへだてなく見ていることを示し、見手にもその視点を共有させます。

それらの表現は小波が挿入した文句から連想されたと推察します。この話を視覚化する現代の絵本においては口承昔話だけでなく、明治期の創作の一節を引き継いで、さらに独創的な表現を見せたといえるでしょう。

最後の画面では、うさぎとじいさまは顔を合わせない別々のところにいます。うさぎの顔に浮かぶうすら笑いは、人間のために同胞をやっつけた結果に得心できないでいるあかしです。

後ろ姿のじいさまはまるではじめのページにひきかえすように歩いています。そこにたどりついて見出す〈いさかい〉の起こりは、自分を侮る相手を徹底的にやりこめたいという思いにかられたということです。それが両者に死をもたらしましたが、その結果がじいさまの心をはらすことはないでしょう。

この絵本は、二つの話を接合したために生じた不条理な〈いさかい〉を正視するために、人間側にも動物側にも加担することなく、そこから抜け出せないものたちをシリアスに描いているといえます。そのために、絵はしぶい画調で覆われているために全般にもの憂げな印象を与えることは否めません。必ずしも楽しい絵本とはいえないかもしれませんが、その創意はこの昔話が存続していくための活路をひめており、この話に含まれる課題をより普遍的なものにしていると思われます。その不条理な〈いさかい〉の惨澹たることを結びとしているために、最後はさすがに「とっぴんぱらりの　ぷう」とは結んでいません。

このように文も絵も同じ作家による二つの作品の世界の雰囲気は、この出来事のとらえ方によってまったくちがっています。その表現は文とかみあいながらもなお絵の力によって成り立つことがあらためて認識されました。

『かちかちやま』おざわとしお　再話　赤羽末吉　画　福音館書店　一九八八年

文を書いている小澤俊夫は、スイスのマックス・リュティによるヨーロッパの昔話の様式理論を紹介するとともに内外の昔話に関する研究書を著しています。その理論にもとづく表現をこの作品でも試みていると見受けますが、ここではこの絵本にそったなかで気づくことを記します。

小澤俊夫は「かちかち山」について、『日本の昔話1　はなさかじい』(福音館書店　一九九五年)の〈あとがき〉につぎのように記述しています。[*6]

「……このエピソードは、自然に囲まれて暮らしていた人間が、同じ自然の中に生きている動物と、まず土地の支配権争いをし、そのうえ、食うか食われるかの、自分の存在をかけた戦いをしている物語なのです。人間は自分の生命を維持するためには、ほかの生物の生命をもらわなければなりません。ところが人間も動物の一種なので、ほかの動物に生命を奪われることだってありうるわけです。『かちかち山』はそういう厳しい生活の中で生まれた、シリアスな物語なのです。つまり、生命はどうやって成り立っているか、という根本問題を語っているといえます。……」

さて絵本の表紙には、定石となったうさぎがたぬきの背に火をつける場面が描かれています。その描き方はポプラ社版のようなあつい期待を抱かせるのではなく、この話の進展をまずはじっくり見ていこうという気にさせます。

文が横書きのために、これまでの作品とはちがって流れが右に進みます。語尾をことごとく「……ました。」で結んでいますが、こうした標準語（共通語）による語り方は[*7]、方言を含む先のポプラ社版とは異なり、この話を落ち着いて受けとめる気にさせます。

第一画面の文は、「むかし、あるところに、じいさまとばあさまが　すんでいました。あるひ、じいさまは、やまのはたけへ　まめまきに　いきました。」とあります。

このように、じいさまが畑に出かけるところからはじまるのは戦前の〈講談社の繪本〉と共通しますが、赤羽末吉の絵の描き方は[*8]それとはまったくちがう風合いがあります。

見開きの横長の背景には、藍色、香色、千草色、青磁色に染まる山並みが幾重にも連なり、その山裾に続く大地に一本の道が横切っています。そこにぽつんとある茅ぶきの家の戸口に一人のばあさまが立ち、道を行くじいさまを見送っています。そのわび、さびのきいた光景は実際の日本の山里というのではなく、悠久の時をさかのぼるところにある〈あるところ〉をほうふつさせます。

むかし、あるところに、じいさまと　ばあさまが　すんでいました。
あるひ、じいさまは、やまのはたけへ　まめまきに　いきました。

つぶのまめ　せんつぶになあれ
つぶのまめ　せんつぶになあれ」
まいていると、きりかぶに　すわっていた
そのこえに　あわせて、
のまめ　かたわれになあれ
のまめ　かたわれになあれ」
たてました。
じいさまは　おこって、たぬき　めがけて
くわを　なげました。

つぎの畑の画面では、「ひとつぶのまめ　せんつぶになあれ……」とじいさまが唱えながらまめをまくと、切り株にすわるたぬきが、「じいのまめ　かたわれになあれ」とはやしたて、じいさまに鍬を投げつけられます。

じいさまが唱える文句は先の松谷みよ子のと同じですが、こちらの応じ方には意地の悪さだけがあり、そこにたぬきのキャラクターのちがいが出ています。

これまでの話では、たぬきの捕らえ方は木の根っこに松やになどを塗り、まずは動けなくするというものです。そのためにたぬきの捕獲は翌日になりましたが、口承昔話によく見られるそのやり方には農耕民の辛抱づよさが反映しています。

こちらの話では、鍬の一撃でたぬきを捕獲する[*9]ためにいちはやく話の核心に進みます。が、この出来事の発端はふとしたアクシデントであったようにも受けとれます。そして、貴重な鍬を投げるじいさまの百姓気質をいぶかしく思ううちにも話は進んでいってしまいます。

第三画面では、じいさまが「ばあさま、はたけで　たぬきをつかまえた。あわもちでも　ついて、たぬきじる　こしらえておいてくれ」と言い残して出かけます。そこには、足をしばられたたぬきが土間にころがされています。

この画面で不足に思うのはたぬきが吊るされないこと[*10]です。縛ってあればたしかに逃げられませんが、これでは人が生きもののたぬきをどう扱うかが脳裏に刻まれません。江戸期以来のほとんどの作品はたぬきを吊るしており、また〈講談社の繪本〉や小波の『かち／＼山』では、たぬきはたぬきで人の動きを見下ろしながら逃れる策を練ったのです。

すると、たぬきが　ころりと　たおれたので、じいさまは
たぬきのあしを　しばって、かついで　かえりました。
「ばあさま、ばあさま。はたけで　たぬきを　つかまえた。
あわもちでも　ついて、たぬきじる　こしらえておいてくれ」
じいさまは　そういって、まちへ　ようたしに　でかけました。

ばあさまは、あわを　ふかして　うすに　いれ、ペ
もちを　つきはじめました。
すると、たぬきが　もごもご　うごきだして、
「ばあさま、ばあさま。おれも　てつだってやるから
といてくれ」と　いいました。
「だめだよ。じいさまに　しかられるから」
けれども、たぬきが　あんまり　いうので、ばあさ
なわを　といてやりました。
たぬきは、ばあさまといっしょに　もちを　つきな
あわを　こぼし
ばあさまが　ひ
すきに、きねを
ばあさまを　う
しまいました。
たぬきは　ば
きて、ばあさま

そこでたぬきはうまいことを言ってばあさまに縄を解かせます。

それから「たぬきは、ばあさまといっしょに　もちを　つきながら、わざと　あわを　こぼしました。そして、ばあさまが　ひろおうと　かがんだ　すきに、きねを、ふりあげ、ばあさまをうちころして　しまいました。」

これは、江戸期の『むぢなの敵討』のなかで、むじなが婆をかがませるためにこぼれた穀物を拾い合うようにしたことに通じ、口承昔話にもそれがよく出てきます。[*11]

そしてたぬきは、「ばあさまのきものを　きて、ばあさまに　ばけ」、じいさまに、『あわもちもついたし、たぬきじるも　こしらえた。あったかいうちに　あがってください』とすすめます。『それでは　いただくか』と言うと、箸をとったじいさまは、『ばあさまや、このたぬきじる、なんだかばあさまくさいなあ』と言うと、たぬきは、『じいさま　たぬきは　ふるくなると、ばあさまくさくなるもんだよ』とこたえます。そこで「じいさまは　たぬきといっしょに、たぬきじるを　すっかり　たべてしまいました。」するとたぬきは、「『ばあじる　くったし、あわもち　くった。ながしのしたの　ほねを　みろ』と　さけぶと、もとの　たぬきのすがたになって、やまへ　にげていきました。」

この画面には、料理にまつわる用具やじいさまの食べる様子が描かれていないので、江戸期の作品に覚えるような不快感はとりあえずありません。しかし、ばあさまの着物を着た得意気なたぬきの姿を見ながら両者のやりとりを聞くと、どうしても眉をひそめたくなります。小波の『かち〳〵山』のような粘着性はありませんが、ばあさま臭い[*12]と言いながらじいさまがばあじるを食

やがて、じいさまが
たぬきは、
「じいさま、じいさま
こしらえた。あったか
と いいました。じい
「それでは いただく
と はしを とりまし
「ばあさまや、このた
と いいました。
ところが、ばあさま
「じいさま、たぬきは
もんだよ」
と いうので、じいさ
すっかり たべてしま
たべおわったとたん
いって、
「ばあじる くったし
ほねを みろ」
と さけぶと、もとの
にげていきました。

くやしくて、おいおい
ってきて、
どうして ないているんですか」
ころされてしまった」
と、かたきを とってやる」
きました。

べたという一点があればその異様さは十分伝わります。

つぎの画面では、じいさまが両手で顔を覆い隠しながら嘆いています。その姿にはたぬき同様の〈畜生〉におとしめられたものの恥ずかしさが思われます。脱ぎ捨てられた衣服はばあさまの形見ですが、それにはたぬきが手を通したという汚れが感じられます。その感覚はたぬきとばあさまを同列におくことであり、そこに小波の『かち〳〵山』の狸の化けた老婆のイメージが時空を超えて重なります。

つぎに登場したうさぎは、これまでの話と同様にたぬきをいためつけていきます。まずかや山でかやを刈り、「このあたりは　かちかちやま。かちかちどりの　なきごえさ」、「このあたりはぼうぼうやま。ぼうぼうどりの　なきごえさ」と応答しています。

うさぎがたぬきのやけどに塗ったのは、これまでは〈とうがらしみそ〉ですが、ここでは単にすりつぶしたとうがらしです。前者にはたぬきを食べ物と同一視するおかしさがありますが、そうした遊びは抜きにして、ひたすら話をすすめています。

うさぎが舟用の木を切る松山の画面は、高い木々のそそり立つ遠方からの眺めです。第一画面の広びろとした光景に対応する趣がありますが、最後の追いこみとしてはテンポがゆるみます。うさぎがまさかりで木を切り舟を作るのは小波の『かち〳〵山』の挿絵にもありますが、その際のうさぎは人間のからだをしたB型でした。こちらの自然体のうさぎにまさかりはミスマッチですが、唯一そこに遊びを見いだすともいえます。

そしてうさぎの、『きょうは　いいてんきだ。ふねでも　つくって、さかなとりに　いこう』

、たぬきのせなかで　かやが　ぼうぼう　もえだし
ぬきが、
ぎどん、ぼうぼう　いうのは　なんのおとかな」
うぼうやま。
きごえさ」
そのうちに、せなかに　ひが　ひろがってきました。
たぬきは、あつくて　あつくて　がまんできなくなり、
かやを　なげすてて、
やまのおくへ　にげて
いきました。

やまへ　いって、
きが　でてきて、
れのせなかに
した。
ゃ　ないんだぞ。
のうさぎ。
いつは　おれじゃ
でも　つくって、
くってくれ」

という誘いにのり、たぬきは、『そうか。それじゃ　おれにも　ふねを　つくってくれ』と頼みます。そこでうさぎは、「たぬきには　つちのふねを　つくってやりました。」

ところが画面では、うさぎとたぬきは並んで土の舟を作っています。（次頁上）

うさぎが土の舟を作るのであれば、うさぎはたぬきをやっつける策をそこで練ることでしょう。その際のたぬきは、自分の乗る舟をひとまかせにする怠けものです。たぬきが自分で土の舟を作るのであれば、彼はたやすい材料を選ぶ怠けものであり、かつ自分の墓穴を掘ることも考えないうっかり者です。

この絵本では文は前者でありながら、絵ではうさぎとたぬきは共に土の舟を作っています。そこで両者はやはり動物の仲間どうしと思ったりしますが、そのあいまい化は黒白をはっきりさせる昔話ではさけたいところでしょう。

さて、うさぎとたぬきはそれぞれの舟で漕ぎだし、「かわのまんなかまで　いくと、うさぎが、『きのふね　ぽんこらしょ』と　けいきよく　ふなべりを　たたきました。するとたぬきも　つられて、『つちぶね　ざっくらしょ』と　うたいながら、ふなべりを　たたきました。」

それをもう一度繰り返したところで、「たぬきの　つちのふねは　くずれて、たぬきもろともしずんでしまいましたとさ。どんどはらい」となっています。

画面のうさぎはいつもりりしく描かれており、「よし、わたしが　きっと、かたきを　とってやる」と言い切った信念が目にあらわれています。彼は自然体のからだにいつも赤丹色の半てんを羽織るA型で描かれています。その赤は白い毛並みに正義漢の象徴のように映りますが、なぜ

うさぎは、じぶんのふねは きで つくり、
たぬきには つちのふねを つくってやりました。
そして、ならんで かわへ こぎだしました。

「きのふね ぽんこらしょ」

「つちふね ざっくらしょ」

「きのふね ぽんこらしょ」

「つちふね ざっくらしょ」

うさぎと たぬきが、ちょうしをあわせて
たたいているうちに、たぬきの つちのふねは
たぬきもろとも しずんでしまいましたとき。

どんどはらい。

いつも同じ色なのかということが頭をよぎります。

このうさぎも先の話と同様に、「うさぎだって　ひといろじゃ　ないんだぞ。かややまのうさぎは　かややまのうさぎ。とうがらしやまのうさぎは　とうがらしやまのうさぎ。そいつは　おれじゃないさ。」、「……とうがらしやまのうさぎは　とうがらしやまのうさぎ。まつやまのうさぎは　まつやまのうさぎ。そいつはおれじゃないさ。」とかわしています。

その場面の視覚化においては、うさぎが羽織る半てんが、そのつどまわりの風景と同化する色どりであればいかにもその土地のうさぎらしく見えるでしょう。それは野うさぎの毛の色は、まわりの自然の色にならって変化するということから発想されることです。[*13]

たぬきはばあさまの着物を着てばあさまに化けましたが、それには日本の迷信がかかわっています。そのたぬきをだしぬくうさぎ側のトリックは、子どもにも納得できる合理性のうえに成り立ちます。それはこの話の絵本化における創造的なモメントになりそうですが、昔話にやたらに尾ひれをつけないことも十分尊重されなければなりません。ここでは、うさぎだけが魅惑的な衣服を着ているためにこのような妄想に誘われるということです。

いつも自然体のたぬきが着物を着たのは、ばあさまに化けたときだけです。[*14]そのからだはたぬきですが、擬人化のための着衣とは異なり、そこに妖怪性が感じられるのはたしかです。その衣服を脱いだのは〈化けの皮〉をはぐためでした。日本の動物が自ら人間の衣服を取り去る表現をまずはそこに見たわけです。

このたぬきの毛は黒ですが、その色には獣らしい温もりが感じられません。その険しい目つきと合わせると、その像は、ヨーロッパ文化におけるおおかみ同様の悪の役を担っていると見受けられます。しかし私たち日本人はたぬきにかぎらず肉食ではない動物をまったくの悪とみなすことにあまりなじめないでしょう。最後の画面では、おなかのふくらんだたぬきは水中でもがきながらも目は見開いています。それはそれでこの世から悪は完全には失せないことを暗示するかのようです。

　ここに登場するうさぎはたぬき同様にいつも固い表情をしています。そのために、見手は彼らのやりとりにあまり立ち入らないですみます。ところで両者の顔つきは日本の伝統芸能である人形浄瑠璃のそれを思わせるところがあります。人形たちの表情は固定的ですが、その語りには感情が十分込められているために受け手は柔軟にイメージしながらその世界を享受すると考えます。絵本においてはそれとは異なる愉しみ方が期待されるわけで、そこに見手の感受性ということが問題となります。なおこの作品の文は共通語で綴り、そこに語り手の感情が入り込まないことを指向していますが、そこに唱えや会話が多くあり、日本の昔話らしい柔軟さもあります。

　いまの段階の私たち日本人は、庶民の文化である昔話の絵本化には、作者の思いの込められているところに心を動かされることも否めません。一方この作品のように、ヨーロッパの昔話における理論[*15]を日本の昔話に当てはめようとする表現には新鮮さを覚えます。その視点からの切り口が日本固有の文化のあり方といかに統合化されるかは大きな課題であり、今後とも多角的にきわめていく要があると思われました。

以上現代の昔話絵本三冊をとりあげ不十分ながらその検討をすませたところで、この話の元の形と関連づけながら、それ以外の表現の可能性ということにふれてみます。

作品中にみられる唱えやきまり文句の元の表現を巻末（一三七―一四三頁）にあげましたが、それらはその時点までには文章化されることのなかった裏方の語りのなかでの表現といえます。そこには、相手を見下したり、あざむく言い方の多いのが目につきます。それはこの話の中身とかかわるわけですが、この話にことよせて、いかに悪辣な言い方ができるかを競っている観があります。また比較的穏当な内容である「一粒は……」によせて、また〝かちかち〟〝ぼうぼう〟によせて、そして舟上での唱えによせて、かつての日本の民衆がいかに多様なバリエーションを楽しもうとしたかということも十分伝わります。

その清濁を合わせてみれば、耳で聞き口で伝えていくというなかでは、極端で刺激的な表現がつよめられる面があることに気づかされます。そのことから、口から耳へと伝えられるなかで純化されるのはたしかに話の形式的な面です[*16]。そして、内容的なことは紙面上に表現され、人々の目にさらされるなかでバランスがとられ、純化される面が多々あると再認識させられます。文にしても絵にしても紙面に記されるのは、口伝えより間を置いて表現されることです。それが一般性をともなうとともに形骸化を引き起こすことにもなりますから。そのためにも、常に口承昔話に回帰しながら創造してゆく姿勢が大事なことになります。

現代の絵本である両作者の文章では、出だしのおじいさんとたぬきとの畑でのやりとりと、終わりのうさぎとたぬきの舟ばたを叩きながらの唱えにおいて、戦前の作品にはなかった面白さと深まりを見せています。さらにその他の文句についても、口承昔話に見る唱えや文句から適切なものを選択し、洗練しています。それらをほとんど取り入れている両作者の文章はそれぞれこの話の再話における一つの到達点であり、それなりの永続性があるのはたしかです。

とりあげた現代の絵本の文は、その再話文からおこしたといえますが、それにつけられた絵も多くを語る内容のあるものです。そこにおいて、その両者の豊かさどうしが時に相殺する面がなきにしもあらずということが思われます。

たとえばこの話の特徴であった〝かちかち〟〝ぼうぼう〟の音が、戦前の〈講談社の繪本〉ほどに印象づけられないとしたら、これらの絵本にはそれ以外にも面白い唱えが出てくることが一因かもしれません。この話の名文句である〝かちかち〟〝ぼうぼう〟の面白さが、この話の主役でなくなったとしても、それと作品全体の表現の優劣は別問題です。ただそのことから示唆されるのは、この話の絵本化における独自なテキストの追求ということです。

絵本は絵と文の作者、時に編者を加えた合議によって作られることが一つの理想とされています。日本の昔話絵本の創造においても、そうすることで絵と文がより有効にかみ合い、その世界のイメージがきわだつということが考えられます。その際も口承昔話をひもとくなかで、その本筋を変えることなく、そのとらえ方において新しい創造を試みるということです。

注

＊1　戦後の昔話絵本について

斎木喜美子「民話絵本」（『はじめて学ぶ日本の絵本史Ⅲ』第11章）

〈新しい民話絵本の誕生〉・「戦後日本の歩みは、これまでの間違った教育を改めるところから出発した。そのため新しい民主主義国家としての歩みを始めた国民にとって、当初は古い時代の伝統文化や民話など否定すべき対象でしかなかった。」［二二〇頁］

・「何度かの民話ブームをへて、市場には同じタイトルの絵本はそれこそたくさん出回っている。特に一九七〇年以降の〈洪水〉とも表現されるほどの出版熱の中から、どれが一番優れているかを判断していくことは非常に難しいことである。……子どもの読者を想定して民話を絵本化していくという歴史は浅いものであるが、一方では確実に〈洪水〉の中を泳ぎきって現在まで生き続けている作品があることも事実である。その真価が問われるのはこれからである。」［二三六頁］

＊2　松谷みよ子（一九二六〜）の昔話絵本と民話のとらえ方

瀬川康男（一九三二年）絵による松谷みよ子の昔話（民話）絵本

『やまんばのにしき』ポプラ社　一九六七年

『さるかに』講談社　昭和45（一九七〇）年

『したきりすずめ』講談社　昭和45（一九七〇）年

『きつねのよめいり』福音館書店　一九七九年

『民話の世界』（講談社　昭和49（一九七四）年）より

・民話のとらえ方〈民衆が語ればすべて民話なのか〉「私たちが民話という言葉をもって、もう一度考えようとするならば、ただいい伝えられたものをそのまま次の世代に渡していくのではなく、必然的に、そこには視点が必要となってくるのではなかろうか。……」［一一五頁］

〈再話について〉小さな自分の視点で斬るのではなく、そのどろどろとしたものの中へ自分をくぐらせ、一緒に呼吸する。そのうえで、私がこの話を語るなら、こう語りたいと思う。そういう作業が必要なのではないだろうか。伝説にしても昔話にしても、よい原話とのめぐり合いがまず大切で、それがすべてを決定するぐらいだけれども、選ぶ視点は何かという点になれば、やはりどこまで自分が生産点に立てるかということを抜きにしては考えられない。」〔一四八頁〕

＊3　松谷みよ子の文体について　『民話の世界』より

〈再話について〉（「語り」と文体）「民話には、呼吸や息づかいが必要だと思う。文学にしてしまってはいけないと思うのである。あまりに追求しすぎ、つや布巾でみがきあげた作品にはあきがくるのではないか……。……民話の本質が〈語る〉というところにある以上、語りには書き直しはできないのだから、語り始める以前の呼吸にすでにたっぷりとしたよい語りになるか、気の進まない語り方になるかの違いがある。文章化する場合も、その一息に語りはじめるだけの充実感がものをいうのではないだろうか。」〔一五一―二頁〕

＊4　婆は殺されただけの口承昔話

『日本昔話大成1』（関敬吾　角川書店　一九七九年）・〈山形県上山市〉・〈宮城県登米郡〉

＊5　うさぎが泣くという例

「勝々山之弁」（『雛迺宇計木之巻之上』加茂規清著）江戸時代の童話＝昔話研究（上笙一郎『江戸期の童話研究』江戸期童話研究叢書別巻　久山社　一九九二年　所収）

「……老夫ハ狸ノ為ニ老婦ヲ殺サレシト歎キ居タル所へ、兎来リテル是ヲ聞キ、共ニ涙ヲ流シケルガ、日頃ノ御恩報ジニ我ガ敵ヲ討テ進ゼント、……」

「カチ〳〵山」（『カチカチ山と花咲爺』武者小路実篤作　岸田劉生画　阿蘭陀書房　大正6〔一九一七〕年）。兎は爺に同情して泣く。

＊6　小澤俊夫（一九三〇年～）の〈かちかち山〉のとらえ方

〈自然対人間の対決――『かちかちやま』より〉『働くお父さんの昔話入門』（小澤俊夫　日本経済新聞社　二〇〇二年）

・「山の畑というのは、人間の側からすれば、人間が食うための植物を栽培する場所です。だけれども、元来はただの原野だったわけで、……タヌキのほうから見れば、自分たちの領分を人間に侵された場所になります。ですから、その人間に奪われた領分をタヌキが取り返しに来たと考えられます。」〔二五一頁〕

＊7　小澤俊夫の文体について

・この作品は共通語で綴られており、最後を「……ましたとさ。どんどはらい」と結ぶ。

〈再話昔話の言葉〉「昔話の語法研究――いま昔話を伝えるために――」（小澤俊夫『昔話の語法』福音館書店　一九九九年）

昔話の文章に共通語をつかう意義を記述。［三五五―六七頁］

・「日本じゅうで何百年も語り伝えているあいだに、自然に昔話が獲得してきたもの」の再話、絵本化においては、「なるべくこわさない形でつぎの世代にわたす」ことを理想とする。

＊8　赤羽末吉（明治43～平成2年）小澤俊夫の昔話集の挿絵

『うまかたやまんば』福音館書店　一九八八年

＊9　たぬきの捕獲に鍬を用いる例

『日本昔話大成1』〈岩手県岩手郡〉鍬で打ち殺す〈福島県双葉郡〉貉を鍬でたたく。

＊10　たぬきを吊るす図を欠くことについて

『日本の昔話4』（小澤俊夫　福音館書店　一九九五年）では、たぬきを吊るしている。

内ヶ崎有里子「昔話の絵本化」（『江戸期昔話絵本の研究と資料』）

〈共通して描かれている場面〉「かちかち山」については五場面をあげ、その最初は、「狸が捕らえられる場面」（あるいは捕らえられ吊される。）とある。

・この絵本にたぬきを吊るす図がないのは、そのことがこの段のモティーフではないためか、あるいは話を画面の線上にとる構図のためか。

〈モティーフ論〉（「昔話の語法研究――いま昔話を伝えるために――」）「昔話の絵本化と再話のためにも、モティーフ研究は重要です。なぜならばある話型を絵本化したり再話する場合に、モティーフ研究にもとづいて行えば、関係のないモティーフを入れたり、重要なモティーフを落としたりする過ちをふせぐことができるからです。」［三五〇頁］

「モティーフとは、一話を構成する上での主要登場者の主要な一行為、およびそれに直接的に対応する行為を含む単位と考える」［三四八頁］

＊11　おばあさんのかがんだところをつく

『日本昔話通観』（稲田浩二　小澤俊夫責任編集　同朋社出版　一九七七～八九年）・〈埼玉県川越市〉「自分のほうにこぼれた米は自分で拾うことにしよう」・〈鹿児島県薩摩郡下甑村手打〉狸はてつだいながらわざと麦をこぼし、拾おうとする婆を殺す。・〈岩手県気仙郡住田町上有住〉「狸はヤグダリ（わざと）餅をこぼしたので婆さまがそれを拾うべとすると狸はキギ（杵）を振りあげて、婆さまを殺してしまったど。」・〈福島県田村郡三春町実沢〉むじなはわざと米をこぼして搗き、臼の下の米拾いをしている婆をつぶし殺す。ほか・〈福島県双葉郡川内村沢〉・〈千葉県長生郡長柄町上野〉

＊12　婆汁の表現
・口承昔話にも婆汁のなかに、髪の毛、耳、指、首、白髪頭が浮いていたなど、味覚、臭覚、触角にかかわる表現がある。猟奇的な表現はエスカレートするが、そこに老婆に対する蔑視が混じりやすいと思われる。
柳田國男「かちかち山」〈昔話と文学〉（『文鳥』昭和10年『柳田國男全集8』筑摩書房　一九九〇年）
　それに関して、「これも疑うべくもなく田舎座頭の細工で、もとより決して上品な趣味ではないが、興に乗ずると次次にこういう後日譚まで附加せられて来るので、究竟は昔話が時とともに成長するということが、すべての変化を説明し得るのである。」

＊13　うさぎが外観を変えることについて
『日本昔話通観』より・〈宮城県登米郡迫町新田〉「……こんどは、兎が毛のえろを染めげえで（染めかえて）やげとの薬売りにえったっお。……それから、すばらぐすて、狸のやけどなおった頃、まだの毛、染めげえで、狸えさえったっお」

＊14　たぬきの化け姿
「昔話では衣服が外観を決定的にきめます。衣服が変わったら、もう別人になってしまうのです。日本の「かちかち山」で、婆の着物を着た狸を爺が見やぶれなかったのも同じ性質です。」（『昔話の語法』）［九七頁］
〈日本昔噺〉『かち〳〵山』の小さな挿絵の描き方もこれと同じか。

＊15　日本のとヨーロッパの昔話の様式において共通する点　『昔話の語法』より
〈要点〉・生の語りから得る日本の昔話の語りのリズム、息づかい、語りの構成は、基本的にはヨーロッパのメルヒェンのマックス・リュティによる様式理論に合致する。
イ、昔話は、平面的な意味でも、時間系列のなかでも孤立性がある。それぞれの出来事は孤立していて、いわばカプセルの中に入っている。

ロ、昔話は、実体を抜き図形的に語る。登場する人間や動物は肉体的、精神的な奥行きをもたない。
ハ、昔話は、描写しないで記述するだけである。また出来事として重要な、いちばんもとの動詞だけで語っている。
ニ、昔話は、場所、時間、条件、状況を一致させて、速いテンポでゴールへ向かってすすむ。
ホ、昔話は、簡単な成りゆきを好み、叙事詩的につぎつぎと語る。同じ場面は同じ言葉で語る。
へ、昔話は、色彩としては原色を好む。
ト、昔話は、おとぎの世界、うその話として形成されている。

〈語法の分析（一）（二）〉［二五―一一四頁］

終章

日本の昔話「かちかち山」を描く江戸期から現代までの絵本七冊と読本一冊について、そのイメージの諸相とそこに覚えるものを述べてきました。

この話は、たぬきがおばあさんを殺すまでの前半と、そのたぬきをうさぎがやっつける後半から成り立っていますが、それぞれでは絵本化されることはなかったと思われます。前半[*1]を、おじいさんがたぬきをやっつけたと結んでも、受け手はそれでは十分満足するはずがなく、また後半のうさぎのたぬきに対する執拗な攻め方は私たち日本人はあまり好まないでしょう。つまり後半の話が前半の話と結びつき、人間に代わってうさぎがたぬきを懲らしめる形になったところで絵本化への道がひらかれたといえます。

その接合がこの世界に不整合の影を落としたのですが、といっても戦前までは、人間の恨みをはらすうさぎは喝采をはくしていたわけです。敗戦で終わった戦後はそこを強調しないようになりましたが、人間のために動物どうしが〈殺し、殺される〉という関係で話がすすむことに変わりはありません。

とりあげた七作品はいずれもこの話の骨格をくずすことなく、しかしそこに織りなす世界はそれぞれ独自の雰囲気をかもしだしていました。この話は江戸期においてすでに絵本という体裁で表現されていましたが、地方にあってはその影響を受けることはさしてなかったようで、口承されてきたかなりのものを二つの記録集によって知ることができます。現代の絵本はそれに依拠して創られていますがそれだけではなく、江戸期以来の紙面上の表現も断続的な影響を及ぼしていました。

そのなかで動物たちの擬人化の手法は推移していきました。衣装のまとい方にともなうからだつきは、人間そのもののB型から、人間と動物の混じるA・B型、さらに動物そのもののA型となりましたが、そのような変化が登場者間のかかわり方や内容にどのような影響をおよぼしたかについてはより多くの作品に当たる要があるでしょう。

なお戦前の作品においては、たぬきは捕獲されるところまでは自然体であり、後半において擬人化されるという共通性がありました。そのことはこの話の前半の内容からきているわけで、その流れからいえば最後に彼らはまた自然体を見せると期待させるところがあります。が、そこを表現することを意図した作品はありませんでした。

戦後の作品においては動物を常時二本足で立つ自然体や、そのからだに衣装をまとうA型で表すようになりました。そのために以前の作品のように後半において別の次元の世界にすべりこむような重層感は失われました。

現代の絵本は衣装に頼らないだけに、その動物のからだそのものや顔つきによって役どころを表しています。その際に、たぬきはおなかを大きく、うさぎは身軽そうにと、両者の特徴を誇張した描き方がなされ、その画面の構図をいきいきとさせています。それにしても自然体で登場する動物にまったく違和感を覚えないのは、海外の近代的な絵本にふんだんにふれられるようになった時代性がかかわるでしょうが、日本にもA型や自然体でストーリーを描く「鳥獣戯画」の伝統があったことと無縁ではないと思われました。

ところでこの〈かちかち山〉の話は、これこそまさに日本の昔話と感じさせるところがあります。その理由の一つは、この世界のそちこちに昔話特有の対応し合うものがあるからです。二つの話の接合によって人間界と動物界が対をなすのをはじめ、おじいさんとおばあさん、うさぎとたぬき、白と黒、善と悪、強者と弱者、殺す殺される、その逆転、敵と味方、火と水、山と川（海）、臼と杵、穀物と肉、農耕と野生、木の舟と土の舟と続きます。それらは視覚化されることによって具体的に見ることができますが、その対比はかならずしも鮮明ではなく、そこが日本の土壌と見合っているところです。それと関連して思われるのは、日本の昔話の絵本化においては、ストーリーの周辺から土俗性をそぎおとすことには限界があり、むしろそこに絵本の独自性もいかされるということです。

最後にこの話における五つの場面にしぼり、いくつかのポイントについてまとめます。とりあげる場面（場所）は、**1**、たぬきが捕まる場面（畑）、**2**、おばあさんが殺される場面（土間）、**3**、おじいさんが婆汁を食べる場面（囲炉裏ばた）、**4**、うさぎがたぬきをやりこめる場面（里山）、**5**、たぬきが水に沈む場面（海・川）、です。

1、たぬきが捕まる場面（畑）—たぬきが捕らえられるいきさつ

たぬきが畑で捕らえられたのは、江戸期の作品では爺が団子を穴に落とし、それを拾うためにたぬきの巣穴を掘り返したためでした。つぎへの移行はとりあげた作品には出てきませんが、その一例は明治期に出版された、“KACHI-KACHI MOUNTAIN”に見ることができます。そこでは、The badger が The old man の dinner を食べたためであり、その形は明治期・大正期においても流布していたようです。[*2]

小波の『かち〳〵山』と大正期の『カチカチヤマ』では、たぬきが「畑を荒して」作物をだいなしにしたからという理由になり、戦前の〈講談社の繪本〉もたぬきが畑の作物を盗んだからとしています。

そして戦後の絵本においてはいずれもたぬきがじいさまをからかったからという口承昔話に依拠した表現になっています。

江戸期の二冊の絵本にある〈ねずみ浄土〉の型は口承昔話の資料には見かけませんが、当時はそうした語り方があったのかもしれません。その理由ではたぬきを悪ものにできないために、江戸期の爺が昼飯をつかう光景などから爺の弁当を盗んで食べたという表現に移ったかと思われます。

たぬきが畑の作物を盗んだというのはもっともらしい口実ですが、日本のかつての農村部の畑ではウサギによる被害が最大であり、人が食べる野生動物もウサギが最多でした。つまりこの話で人間に味方するうさぎこそが害獣の最たるものであり、うさぎに厳しい口承昔話があるのはそのためかと思われます。いずれにしてもたぬきが畑を荒らすというなかでうさぎを善とすると、お話の世界といえども、少々違和感を覚えるところです。

戦後の作品は口承昔話をくぐることによって、たぬきがじいさまをからかい、囃したてたということを前面に出しています。それは実際の動物の習性とはまったくかかわらない虚構の世界の役柄であり、そこに連動して、うさぎが人間に味方するのも受け入れやすくなったといえます。

その囃し文句として、ポプラ社版は、「ひとつぶは　ひとつぶの　まあまよ／ばんに　なったら　もとなしよ」、講談社版は、「一つぶは　一つぶの　まんまよ／よるに　なったら　すっからかん」、福音館書店版は、「じいのまめ　かたわれになあれ」をとりあげています。

「ひとつぶは……」には小憎らしいなかに実際を突くおかしさがありますが、「じいのまめ……」に感じられるのは悪意のみです。それは悪戯っ子の言いそうなことですが、その〈からかい〉に端を発したことが死に至るわけですから、それは村に暮らすうえでの警告の意味を含むこともあったかと思われます。それはともかく、いずれも野生のものが畑の仕事に従事するものを見下しているのであり、日本人の農耕に励む地道さ、努力といった徳の土台がからかいの対象とされたことが注目されます。

2、おばあさんが殺される場面（土間）—臼と杵の汚れ

この昔話のほとんどの絵本に、おばあさんが臼と杵で穀物を搗く様子が描かれています。アジアの一角にある日本は地理的、歴史的に農業国であり、臼と杵で穀物を精製する図は、この話のよって立つ土壌を感じさせます。穀物生産に要する臼や杵は貴重かつ清浄なものであり、それが人を殺める凶器になったのは一つの変節を暗示しています。

臼と杵の汚れが象徴するのは、穀物を主とする菜食のなかに肉食が混入することです。肉食は世界じゅうで享受されていますが、人間が自分と同じ哺乳動物を殺し、かつ食するにはそれなりの精神性をともなうはずです。ところが日本においては、長年国をあげて稲作を奨励するなかで

仏教による肉食禁が説かれてきました。そのために動物の肉を糧とする宗教観が未発達にならざるをえなかったといえます。たぬきが自分が食べられそうになっただけでこのような報復をするというのは異常であり、その怪奇的なイメージは、彼らの命に対するあがないの念を昇華できなかった日本人の心のつくりだしたものと考えられます。

また、臼と杵を中にして組み合う相手を獣にした異端性がその道具を凶器に変えたとも受けとれます。なお、おおかたの作品は杵のみをその道具としていますが、臼と杵をセットにした話[*3]もよくあります。その視覚化は容易ではなく、ポプラ社版の臼を人身御供の台座に転化する創意が効いています。

江戸期の『むぢなの仇討』では、むじなは杵で撃つためにわざと婆をうつむくように仕向けています。そのことが戦後の福音館書店版のなかに再生されていますが、そのように口承昔話にもある地についた風習が挿入されるところに日本の昔話らしさが感じられます。

昔話は長期的には純化される方向にあり、本筋とさほどかかわらない周辺の描写はそぎ落とされていく傾向にあるのはたしかでしょう。しかし絵本化においては、それらを拾いあげていくこともできます。そこに昔話の絵本化における創意がはたらき、それが作風のちがいとなって表れます。

3、おじいさんが婆汁を食べる場面（囲炉裏ばた）―たぬきの化け姿

この場面における、たぬきがお婆さんに化けることと、おじいさんがおばあさんを食べること

は、この話の怪奇性の両輪になっています。〈化ける〉というのは言葉では一言ですが、その視覚化はさまざまなイメージとなります。

絵本というメディアはその形象化を期待させますが、江戸期の『むぢなの敵討』では、仮病にかこつけて化け姿をとりあえず視覚化していません。

『兎の敵討』では、狸が化けたとはしていませんがその怪奇性は十分に感じられます。というのも、話の中の動物が人間界において人とまったく同じことができるというのは、人に化けたとすれば納得するからです。人間と対等なことの一つが火を使うことであり、婆汁を料理したたぬきは単なる擬人化とは異なると感じとらせています。そこからお婆さんに化けたとするのはほんの一歩でしょう。

〈日本昔噺〉の『かちかち山』の挿絵では、たぬきはおばあさんそっくりの姿になり、しっぽだけを見せています。そのような表現は江戸期の絵本[*4]にもあり、そのしっぽを見て気づくという運びの口承昔話もよくあります。

〈日本一ノ画噺〉の『カチカチヤマ』のたぬきの化け姿は、人間と動物のまじるＡ・Ｂ型ですが、そのように描けるのは輪郭しか見えないシルエットの功です。

また、そのように映る姿は子どもにも、たぬきがおばあさんふうに装っているとわかります。そしてぢいさんがそれをおばあさんと見まちがえたのは、彼は外から帰ってきて家の中が暗く感じられたからと推察させます。ですから、目をこらしてよく見てみればその錯誤に気づくはずなのです。つまり、ここでたぬきがおばあさんに化けたというのは、ぢいさんが相手をよく見ないためと思わせるところがあります。火がちょろちょろとしか燃えない囲炉裏ばたは、その薄明かりを演出するかっこうの場所となっています。

日本の〈化ける〉は西欧の魔法による変身とは異なり、〈だます〉に近いところがあります。その〈だまされる〉状況を察することのできるシルエットの手法は、〈化ける〉という意味合いを合理的な方向にふり向ける契機ともなります。

戦後の作品である福音館書店版のたぬきの化け姿は、たぬきがおばあさんの着物を着たA型の姿です。そこでは手ぬぐいを頭にのせて化けるという口承昔話の一点を継いでいますが、それは先の〈日本昔噺〉の『かち〳〵山』の挿絵とは対照的な描き方です。それをたぬきの化け姿とするのは、〈化ける〉という意味合いをあいまいにしつつも幅広いものにしたといえます。

そこにおいて、絵本に登場する動物が衣服を着てもしまいには脱ぐという流れが見られました。それは化けの皮がはがれるという形であり、それこそが日本の動物物語における〈本来のものに立ちかえる〉姿でした。そこでは、たぬきは相手をだしぬいたという得意な気分になっても、見手が共に高揚した気分を覚えることはまずないと思われます。おじいさんが江戸期以来堅実な農夫として描かれないのは、〈化かされる〉は〈だまされる〉ことであり、一般には蔑視されることだからでしょう。それはともかく、日本の文化的な表現として動物が衣服をとりさるというのは、この形が一つの典型であったことが確認されました。

4、うさぎがたぬきをやりこめる場所（里山）―動物たちの居場所

この話は、うさぎがここは「かちかち山」と言った面白さのために子どもたちに人気を得てきたといえます。それはだましではありますが、その単純なごろ合わせが面白く聞こえるために笑いを誘うのです。また、たぬきがつぎつぎと痛いめにあうのは、ピエロ的な役を担っているといえます。この後半の部分を、前半をあまり意識しないで楽しむのが一般的ですが、それは最後にうさぎがおじいさんに報告しないところにもあらわれています。

それは人も動物もともにすむ里山でくりひろげられましたが、とりあげた戦後の絵本は口承昔話にならい、うさぎがいま居る場所の名をとっさにあげてたぬきの責めを交わしています。その口実は、うさぎはどれも同じように見えても、居場所がちがえば別のうさぎだというのです。この表現は居場所によって個がちがうと主張する稀有な表現ですが、それは日本のたぬきだからひっかかると思われます。動物を個別に識別する狩猟、牧畜の歴史を経てきたところでは、その言い訳で相手をだませるとはしないと思われます。“KACHI-KACHI MOUNTAIN”〈勝々山〉では、うさぎが薬売りになってたぬきのところに行く際は虚無僧姿になって顔を隠しています。前に出合ったうさぎと悟られないためであり、それは居場所云々のセリフは海外では通用しないと判断したからと推察します。日本ではその詭弁がとっさの機転となり、それでだまされるたぬきの鈍さをおかしがります。

戦前の〈講談社の繪本〉にはその言い訳がなく、そのために、たぬきはうさぎが自分をやりこめるためにそうしたとは最後まで気づかなかったというように受けとれます。つまりたぬきの目

の前にいるうさぎは彼のなじみのうさぎであり、たぬきはその相手のすることを疑って追求する能力に欠けているためにうさぎの策略にひっかかるという役どころなのです。そのようなとらえ方は、この両者のあり方を明瞭にさせるところがあります。

それはともかく、うさぎやたぬきがすみついている日本の里山は、柴や茅、とうがらしや蓼、杉や松の木などの生い茂る自然の豊かなところです。が、ときに策略をめぐらして相手をおとしめ、自分の勢力を延ばしていくこわい場所[*5]でもあったということです。

5、たぬきが溺れる場面（海・川）―たぬきの最期

とりあげた絵本において戦前期と戦後期を峻別する表現は、この場面におけるうさぎとたぬきのあり方といえます。なお各期においては共通しているところがあるものの、そこに見るわずかなちがいは絵本の表現の一歩一歩であったといえるでしょう。

江戸期の『兎大手柄』の文は、「兎、狸を川中へ打ち込み」とあり、絵も兎が溺れている狸に櫂を当てています。

この画面では文と絵が同じことを表し、絵の構図[*6]にも矛盾がありません。兎が櫂を振りあげている絵の多いなかで、その点で希少な表現といえます。

明治期の〈日本昔噺〉『かち〳〵山』の文は、どろ舟がとけだし兎は櫂で狸の脳天を打ったとあります。挿絵では、狸は舟もろとも沈む寸前であり、にもかかわらず兎は櫂を振りあげたポーズをとっています。

このように描かれるのは、櫂を振りあげている姿のほうが勇ましく見えるからでしょう。そのように見ばえのするポーズを優先するために、同じ画面にうさぎとたぬきの状況の極点を表すことになります。そのために二点には時間のずれがありますが、それはリアリティーよりも構図の華やかさを優先する〈異時同図法〉の一つといえるでしょう。

大正期の〈日本一ノ画噺〉『カチカチヤマ』の文は、どろ舟がとけてたぬきもいっしょに沈んだとあります。絵では、たぬきは水没寸前でありながら、うさぎは櫂を振りあげています。

文は、うさぎが櫂をどうしたかについてはふれていません。そこでこの軽妙な絵本においては、うさぎが櫂を振りあげているのは勝ちどきのポーズと見ることもできます。

戦前の〈講談社の繪本〉『かちかち山』の文は、ウサギは「リョウテニ　カイヲ　フリアゲマシタ。」とあり、絵でも、ウサギはそのポーズで描かれています。そしてタヌキのからだの大半は崩れた土の舟もろとも海に沈んでいます。

この画面の構図も、映画の一コマを画面としたのとはちがいます。この〈異時同図法〉によるずれの間をさまようちに、見手は、ウサギが振りあげた櫂は直にタヌキに当てたのか、あるいは土の舟を打ったのかと思ったりします。その点でこの手法は絵本の流れを一時停留させるようにはたらきます。

この間にうさぎがたぬきにかけた言葉は、江戸期の『兎大手柄』は、「おのれ、よう婆を殺した。思い知ったか。それでおのれを土舟に乗せたわやい」であり、戦前期の〈講談社の繪本〉は、「コノワルダヌキメ　オバアサンノカタキ　オモヒシッタカ」であり、戦後の〈新・講談社の絵本〉

は、「これは、おまえがころしたおばあさんのかたきうちなんだ。思いしれ。」です。

この「思い知ったか」、「思い知れ」という文句は芝居におけるたんかのようであり、その語気におされて江戸期以来その文句はあまり変わることなく続いてきたのではと思われます。絵本を見るのと芝居の鑑賞とは別と意識される現代においては、その文句がつかわれることはまずないでしょう。

明治期の小波の『かち〳〵山』では、「婆汁の応報だと思へば、格別腹も立つまいから、覚悟をして往生しろ!」でした。その仏教的な文句が当時どう受けとられたかはわかりませんが、そのわずかな挿入がその後の絵本の表現に影響を及ぼしていることは見てきたとおりあり、瀬田貞二の指摘されたことは現代の絵本にも波及していたということです。

それはともかく、戦前期の絵本のおおかたはうさぎが櫂を振りあげたとし、そこでストップする描画を指向しています。その構図は見ばえのするなかでうさぎが仇討ちを果たしたことを顕示しており、そのことがつよく印象づけられます。

戦後の作品のこの段においては、うさぎは魚釣りを口実にしてたぬきを舟に乗せますが、それは口承昔話によくあり、元はこの形であったと思われます。それが江戸期の作品においても消えているのは、たぬきは食い物にいやしいという性格づけを重視しないことです。さらに、うさぎが舟上で櫂を振りあげるポーズが見どころとなるところでは、それはささいなこととしてしりぞけられたと思われます。

その点でこの昔話は、視覚化されたために元の形が影をひそめていた例といえます。このように絵本というメディアは見ばえのする構図に傾きやすく、それがときに昔話の素朴なストーリーの継承をさまたげることにもなると考えられます。しかし、炒り豆の匂いに誘われる、魚つりに乗り気になるという程度のことでたぬきをいやしいとするのは、現代においてはあまり通用しなくなりました。

その舟上の場面においては、うさぎはたぬきに手を出すことなく、また仇討ちを果たしたという声をあげることもありません。うさぎがそれまでにしたことは、どろの舟に乗るように誘ったことであり、あとはさかなを呼び寄せるために舟ばたを囃しながら叩いてみせたことです。しかし、うさぎがはじめに図ったように、たぬきは溺れたのです。そこではっきりしてくるのは、その舟の材料であるどろと水とのかかわりです。

その舟がどろ（土）ということは江戸期の作品にも当然ありましたが、うさぎが櫂を振りあげ、たぬきを打って仇討ちを果たしているうちは、そのことは二次的に受けとめられたと思われます。戦後の作品においては、たぬきは罰せられたと受けとったとしても、戦前のような一本調子ではなくなりました。そのために、このたぬきがどろの舟に乗って溺れる事態を回避できなかったのは、彼のひとまかせなあり方から抜けだせなかったからという目で見ることもできます。つまり、たぬきはそれまでうさぎのやり方にのせられてきたのはたしかですが、自分の乗る舟については自分で判断する機会があったということです。それは自分の生死にかかわることであり、子どもにもわかる、〝どろの舟に乗ってはいけない〟という単純な一線です。そこで踏みとどまらなければ、それに至る理由はどうあれ溺れるしかありません。

この段のどろの舟に乗るというのは、この後半の三度の出来事のなかでは被害者の主体のあり方が問える唯一の内容といえます。戦後の作品の舟上の光景は、以前のような劇的な構図ではなくなったために、このような想いの浮かぶ幅をもったと思われます。

とりあげた戦後のポプラ社の作品においては、溺れるたぬきの表情は滑稽でありながら一抹の哀れみも覚えます。そのために、たぬきの死を全面的に喜んで終わりという感想とはちがってきています。それは、両者のあり方を善と悪という切り方ではない方向に振り向けるでしょう。

それとは対照的に、福音館書店の作品においては、たぬきを悪の象徴とするなかでその悪は自ら滅びるというとらえ方に向かわせます。いずれにしても絵によるそのような表現は、この昔話の本筋を変えることなくこの世界のとらえ方をひろげたといえます。そのことが昔話本来のあり方と多少ずれていっても、絵本化という創作にはそれが生じるのは当然なことと思われます。

ところで、私たち日本人の言霊感覚や残酷性を排除したい心情は、話の中でも〈死んだ、殺した〉という言葉をさけるところがあります。とりあげた作品のなかで、たぬきの最後に〈死〉という言葉をつかうのは皆無であり、海外向けの、“KACHI-KACHI MOUNTAIN”（第二章＊2）のみがそれに当たる英語を用いています。また絵のうえで完全に死んだと受けとれるのもわずかです。そのように〈死〉という言葉がなく、絵も明白ではない場合は、たぬきは水に溺れても死んだとは限らないというとらえ方が許されてしまいます。そのように解するのも、私たち日本人のあいまいであることを受け入れる性向にそってのことと思われます。

戦後の絵本においては、うさぎが手柄を立てたという色合いが弱まったために、うさぎがおじいさんに報告する意味も遠のきました。それにこのくだりは二つの話を接合したために生じたことであり、その部分を欠く口承昔話も多くあります。それだけにその部分がなくてもさほど気にならないうえに、そもそもこの動物たちが最終的に向かうところは自然の野山であり、そこは彼らが人間のしがらみからとき放たれるところでしょう。

しかしこの話全体の構造からいえば、うさぎがおじいさんに約束したのですから、その結果を知らせるところに一つの完結性を見るのもたしかです。[*8] そこをとり入れた戦後の〈講談社の絵本〉で表現していることは、〈いさかい〉を〈目には目を、歯には歯を〉のやり方で決着をつけても、どちらにも真の満足感はもたらされないということです。この昔話がそこを越えて現代にいきる表現を見いだすのはかなりむずかしいと思われます。

このように昔話の絵本化においては、口承昔話に依拠しながらもそれまでの諸作品からの影響も受けており、それらを総合するなかで作者の独自性はより豊かに発揮されていると考えられました。

注

*1　「かちかち山」の前半のみの話

『日本昔話大成1』・「勝々山」より〈青森県八戸地方〉ほか二十数点。

〈愛媛県北宇和郡〉爺は悔やんで猟をやめた。

〈岩手県紫波郡〉捕まえた狼を殺して、狼汁にして婆様と食べてしまった。

『日本の民話8』（川上迫彦　三原幸久編　ぎょうせい　一九七八年）

＊2　たぬきが弁当を食べたという例
『柳田國男全集8』（前掲）「狸がどういう事情で老翁に捕えられたかは、東京ではやや簡略に過ぎた話し方をしている。以前見たことのある誰だったかの英訳には、山畠に働いている爺の昼弁当を、狸が出て来て盗んで食べたとあった。爺が怒ってその狸を捉えたというのは、何だか狗か猫みたいようで少しおかしいが、今ではこういう形が普通になっているらしいのである。」

楠山正男（「かちかち山」『日本童話宝玉集』冨山房　大正10（一九二一）年『むかしむかしあるところに』童話屋　一九九六年　所収）
・畑のものを荒らしたうえ、おばあさんがもってきた弁当のおむすびをとって食べた。

＊3　臼と杵を対にして表す例
『日本昔話大成1』より
〈山口県長門市〉狸は婆に臼の中を覗かせてつき殺す。
〈高知県香美郡〉狸は婆が臼の中を混ぜているところを杵で頭を打って殺す。
佐々木喜善「兎の仇討」（『聴耳草紙』昭和6年　筑摩書房　一九七九年）
「そんだらといって、手合しをすると、狸は婆様婆様もッと臼の中を搔廻し申さい。まッと臼の中を搔廻し申さいと言って、臼の中に婆様の頭が屈み入った時、狸はドエラ（いきなり）と杵を婆様の頭の上に落として、婆様を搗き殺してしまった。」

＊4　たぬきの化け姿
内ヶ崎有里子「終章　第二節」『江戸期昔話絵本の研究と資料』
〈絵本化がもたらしたもの〉〈本来、絵で表現することが困難なものの絵柄化〉「〈かちかち山〉の狸が婆に化けることを描く場合は、化ける前の狸の姿か、化けた後の婆の姿でしか絵柄化されない。それも、婆に化けるということは、爺に見破られないように化けるということであるから、婆の姿そのものになっていなければならないはずである。しかし、婆そのもので描くと、狸なのか本当の婆なのか、読者には区別できなくなってしまう。……その点、『むかし〳〵御ぞんじの兎』（富川房信画　刊年未詳　東洋文庫内岩崎文庫蔵）の場合は、そのような矛盾を最小限に押さえたものとなっている。……爺に向かい合う姿は婆そのものである。そして、爺に見えない後ろ姿に狸の尻尾を描き、享受者に

対してはこれが狸が化けたものであることを示しているのである。」［三六七―八頁］

＊5　土地争いとする口承昔話

〈愛媛県北宇和郡〉勝々山に狸が住んでいる。兎はこの山に住みたがっている。火を焚いて遊ぼうといって狸を誘う。枝木をとって狸に背負わせ、ここはかちかち山だからといって欺いてカチカチと火をつける。狸は大やけどをする。つぎに川に誘う。兎は笹舟、狸には土舟をつくってやる。土舟は崩れて狸はおぼれ死ぬ。兎は勝々山を手に入れる。

＊6　舟上の構図

内ヶ崎有里子「赤本の伝統を引き継ぐ絵本」（『はじめて学ぶ日本の絵本史Ⅰ』第1章）

〈赤本の伝統の引き継がれ方――江戸期の絵本と明治期の絵本の例示〉・「赤本から絵本の様式の変遷を経て、明治期の絵本に（様式だけではなく）昔話の内容・構図まで受け継がれた例」として〈かちかち山〉の、「兎が土舟もろとも沈む狸を打つ場面」を3枚（『兎大手柄』、『昔噺かち〳〵山』一斎画、『かち〳〵山仇討』坂田善吉出版　一八七九年）をあげ、「画風や兎と狸の位置などが異なるものの、赤本の絵柄（舟上で兎が櫂を手に持ち、狸が土舟とともに体勢を崩す姿・構図）は、その後絵本の様式が変化してもほぼ同様な形、構図で引き継がれ、明治期の絵本にまで至っていることがうかがえよう。しかも舟の形や扮装、兎や狸の擬人化の仕方（顔は動物であるが、着物を身につけ、身体は人間・男性的な筋肉隆々とした身体つき）などといった細かい点についても、ほぼそのまま踏襲されている。特に、合本と明治期の中本は、波飛沫の描き方、絵柄と本文のバランスまで類似する。」と指摘。（二六―七頁）

＊7　江戸期の絵本における舟に乗る理由

合巻『昔噺かち〳〵山』（内ヶ崎有里子『江戸期昔話絵本の研究と資料』　五〇七頁）

うさぎはたぬきに、「……さるところのいけに　うをたくさんありこれをとらんと　おもふゆゑ　ふねをつくるなり…」

『兎大手柄』には舟遊山とある。

＊8　最後にうさぎがおじいさんに知らせる例

『日本昔話大成1』より

・〈新潟県見附市〉兎は婆さの仇を討ち、爺さと貉汁を煮て食う。・〈新潟県長岡市〉兎は仇を討ち、爺さんと酒を買って飲んだ。・〈福島県双葉郡〉貉は沈み、兎は爺様のところに行って豆をたくさんもらう。・〈岩手県北上郡〉兎が藤蔓の呪でやけどを治すといって欺き、藤蔓で巻いて爺様の家に連れていき狸汁にして食う。・〈岩手県釜石市〉

『日本昔話通観』より
・〈茨城県那珂郡東海村真崎〉「……爺さまも喜んで、それからは兎と仲良く暮らしたと。」・〈千葉県市川市行徳〉仇討ちのあと兎と爺は仲よく暮らす。・〈長生郡長柄町立鳥〉爺はその兎を飼った。〈山形県長井市五十川〉爺と白い兎は仲よく暮らす。・〈長井市豊田〉・〈西置賜郡白鷹町折居〉兎は爺の子供になって大事にされる。それから兎が家で飼われるようになる。

参照〈本文の唱えやきまり文句に対応する口承昔話の表現〉

＊畑での唱え文句
ポプラ社版「ひとつぶは　千つぶに　なあれ／ふたつぶは　万つぶに　なあれ」「ひとつぶは　ひとつぶの　まあまよばんに　なったら　もとなしよ」
講談社版「ひとつぶは　せんつぶに　なあれ／ふたつぶは　まんつぶに　なあれ」「ひとつぶは　ひとつぶの　まんまよ／よるになったら　すっからかん」
福音館書店版「ひとつぶのまめ　せんつぶになあれ／ひとつぶのまめ　せんつぶになあれ」「じいのまめ　かたわれになあれ／じいのまめ　かたわれになあれ」
『日本昔話大成1』より
・〈青森県八戸地方〉「一粒あ　一粒あ　千粒になーれ　二粒あ　二粒あ　万粒になーれ」「一粒あ　一粒あ　まーまよ二粒あ　二粒あ　まーまよ」
・〈山形県酒田市〉「一粒、千粒、なあれや」「一粒、一粒、まあまよ」
・〈宮城県伊具郡〉「一ツ植えれば二つになれ、二つ植えれば三つになれ」「一つ植えれば腐れろ」
・〈福島県南会津郡〉狸「爺が豆千粒蒔いて三粒生えろ」
・〈山梨県西八代郡〉「一粒蒔けば千俵、二粒蒔けば万俵」「一粒蒔けば一粒」
『日本昔話通観』より
・〈山形県東根市東根東方〉「一つ粒まえだら千なれ、二つ粒まえだら二千なれ、爺様な豆ァ万なれ」「一つ粒まえだら腐れろ、二つ粒まえだらはんずけろ」・〈西村山郡西川町砂子関〉「一粒植えたら千になれ、二粒植えたら二千になれ、三粒植えたら三千になれ」「一粒植えたら腐っされろ、二粒植えたら流れろ、三粒植えたらおれぁ食う」
・〈秋田県仙北郡西仙北町〉「一粒、千粒になれ」「一粒の豆、一粒でいろ」・〈北秋田郡阿仁町打当内〉「一ッ粒、千粒、なんな（なるな）、一ッ粒、腐れェろ」
・〈青森県下北郡東通村鹿橋〉「一粒植えだら千粒なれ」「一粒植えだら千粒くされ」
・〈岩手県気仙郡任田町上有住〉「一粒の豆ァ千粒なァれ、一粒の豆ァ千粒なァれ」「爺ァ豆ァ片割れになーれ、爺ァ豆ァ片割れになーれ」
・〈宮城県松島町鹿渡〉と〈岩手県水沢市〉「一粒まけば千粒、二粒まけば二千粒」「一粒まけば一粒よ、二粒まけば二粒よ」
・〈福島県石川郡平田村小平真弓〉「一粒まいては千成り、二粒まいては万成り」「豆腐れ」
・〈東白川郡古殿町田口〉「一粒は千粒になれ」「千粒は一粒になれ」
・〈山梨県西八代郡市川大門町黒沢〉「一粒まいたら千粒なれ」「千粒まいたら一粒なれ」
（このはやし文句には二つの流れがあり、もう一つは爺の様子をからかう。参照第二章＊12）

＊たぬきの捨てゼリフ
ポプラ社版・講談社版「たぬきじるなど　だれ　なるべ／ばばあじるでも　くってござい」
福音館書店版「ばあじる　くったし、あわもち　くった。ながしのしたの　ほねを　みろ」
『日本昔話大成1』より
・〈大分県竹田市〉「爺のばかが婆汁吸うた」
・〈佐賀県神崎郡〉「婆食った口ゃ真っ赤あ」
・〈広島県佐伯郡〉「じじよ、ばば汁はうまいか」
・〈新潟県栃尾市〉「爺さ、ばか爺さ、婆汁食った」・〈見附市〉「爺さのばかが婆さ汁食いやがった。爺さの婆食い、おらけさの仔狢」・〈佐渡郡〉「爺が婆汁食うた、西のまーろー（窓）見いさい、東のまーろー見いさい」
・〈埼玉県所沢市〉「婆汁三杯食って、すっこんこんのこん」・〈東松山市〉「この意地悪爺、狸汁と婆汁と間違っていい気になっている」

・〈秋田県仙北郡〉「婆あ臀あ渋い」
・〈岩手県上閉伊郡〉「婆食った爺やい、奥歯さ、婆あんごをはさんでろ」・〈紫波郡〉「婆な食ってうまかった、まだ奥歯さはさまっている」・〈北上市〉「婆、奥歯こさ　ひっついだ　婆汁食って、おかしじぇやい」
・〈京都府綾部郡〉「やあー婆汁食っとらい、おいしかったか」

『日本昔話通観』より

・〈茨城県那珂郡東海村真崎〉「婆汁うめか。流しの下の骨見ろ・〈勝田市馬渡〉「おじんじ、おばんば食った、スココンコン。それが嘘なら、流しの下でも見てごらん」
・〈愛媛県北宇和郡〉「爺が婆食うた。縁の下の首見よ。かまとこの骨見よ」
・〈山梨県西八代郡〉「じんじい、ばんばあ食ったか、ざまあみろ。流しの下の骨を見ろ、戸棚の中の頭あ見ろ」
・〈佐賀県神埼郡神埼町姉川下分け〉「棚（たーな）の上のモンドコロ、棚の上のモンドコロ」
・〈山形県東根東方〉「狸汁食うどて婆汁食た。どうりですなこえ、おばばの尻。納戸隅この骨見ろ」
・〈石川県珠洲市三崎町粟津〉「婆食た。爺さま婆の白髪ゃみんじゃ（流し）のちゃんばち（丼）の中にはぁ」
・〈富山県射水郡小杉町鷲塚〉「爺まね婆煮て食わすた、おれなあん食わん、食わん」
・〈鹿児島県出水郡東町火の浦〉「爺、棚見ろ、婆んびんたゴッコリン」・〈薩摩郡下甑島村手打〉「あの爺が様子を見れ、婆食ってぺっぺっ、婆の骨は膳棚」
・〈宮城県宮城郡松島町鹿渡〉「婆汁食ったあ見っさいな。縁の下を見っさいな」
・〈群馬県吾妻郡嬬恋村門貝〉「ひどいめにあわせたから婆様汁食った」

＊かや刈へ誘う唱えや文句
ポプラ社版「かやかや　かれかれ／千ば　かれ／あすは　ちょうじゃの／やねがえだ」
講談社版「たちがや　いっぽん　せんばかり／あすは　ちょうじゃの　やねがえだ」
福音館書店版「ことしは　ふゆが　はやく　くるそうだから　かやを　かって　こやのやねを　ふいておこうと　おもってさ」

『日本昔話大成1』より

・〈岩手県北上市〉「立萱一本、千把刈り、明日は長者の　葺き替えだ」・〈北上市〉「千刈り原の　草こ千刈り刈ればよ。中に黄金の泉こあ湧ぐじぇ、ほほほうやい」

『日本昔話通観』より

・〈山形県西置賜郡小国町大石沢〉「地蔵堂の屋根葺きのてつだいをしろ」・〈東田川郡朝日村大網〉「冬の用意に茅で家の囲いをする」

＊火打ち石と燃える音の言い訳

ポプラ社版「なあに　かちかちやまの　かっちんどりさ」「なあに、ぼうぼうやまの　ぼうぼうどりさ」

講談社版「かちかちやまの　かっちんどりが　ないているのさ」「なあに、ぼうぼうやまの　ぼうぼうどりが　ないているのさ」

福音館書店版「このあたりは　かちかちやま。かちかちどりの　なきごえさ」「このあたりは　ぼうぼうやま。ぼうぼうどりの　なきごえさ」）

『日本昔話大成1』より

「かちかち山……ぼうぼう山」、「かちかち山……ぱりぱり山」、「かっきら坂……ふうふう坂」、「かちかち山の音じゃろ」、「かちかち山が燃えよんのじゃ」、「山のカチカチ鳥じゃ……あれや山のボウボウじゃ」、「かちかち山が鳴り出した……どろ山が鳴り出した」、「かちかち山がカチンカチンと鳴る……ぼうぼう山がボーボー鳴る」、「かちかち鳥……ぽんぽん鳥」、「ぱちぱち鳥……ぽこぽこ鳥」、「かちかち山のかちかち鳥だ……ぼうぼう山のぼうぼう鳥だ」、「かちかち鳥だ……ぽんぽん鳥だ」、「かちかち山のかちかち鳥じゃ……ぶいぶい山のぶいぶい鳥じゃ」、「かちかち山のけんけん鳥」、「かつかつ山のかつかつ鳥……ぼうぼう山のぼうぼう鳥」、「てっきり虫、ぷうぷう虫が鳴く」、「かちかち虫が鳴いている」

『日本昔話通観』より

「ここはカチカチ山いうて、ここを通るときはカチカチ音がする」、「あれはカチカチ山」「あれはドンドン山」、「チャキチャキ山」「ボーボー坂」、「ケチケチ山じゃ」「ボーボー山じゃ」、「あれはチャカチャカ山の音だ」、「ありゃ、カチカチ山が鳴るそうなで」、「ここはかっきら坂」「ふうふう坂だ」、「カチカチ山の音だ」「ボウボウ山の音だ」、「カチカチ山の鐘の音じゃ」「ボウボウ山に火が燃えるのじゃろ」、「カチカチ打つのは、かちかち山、フウフウ吹くのは、ふうふう山」、

「カチカチやまの槌の音である」、「ここはカチカチ山で木を切る音」「ボーボーは風の音」、「カツカツ殿が通ってる」「ピカピカ殿が通ってる」「ボウボウ殿が通ってる」、「パチパチ鳥」「ポコポコ鳥」、「かちかち山のかちかち鳥さ」「ぼうぼう山のぼうぼう鳥だ」、「カチカチ鳥が通るから」「ゴーゴー鳥が通るから」、「カツラ山のカツラ鳥が歌っている」「ボウボウ山のボウボウ鳥が歌うのだろう」、「長者様のカチカチ鳥だ」「長者様のブウブウ鳥だ」、「向かい山のチャカチャカ鳥だ」
「向かい山のポウポウ鳥だ」

＊自分は別のうさぎという言い訳

ポプラ社版・講談社版「かややまの　うさぎは　かややまの　うさぎ。とうがらしやまの　うさぎが　なにしるべさ」
「とうがらしやまの　うさぎは　とうがらしやまの　うさぎ。すぎやまの　うさぎが　なにしるべさ」
福音館書店版「たぬきどんよ。うさぎだって　ひといろじゃ　ないんだぞ。かややまの　うさぎは　かややまの　うさぎ。とうがらしやまの　うさぎは　とうがらしやまの　うさぎ。そいつは　おれじゃないさ。」「たぬきどんよ。うさぎだって　ひといろじゃ　ないんだぞ。とうがらしやまの　うさぎは　とうがらしやまの　うさぎ。まつやまの　うさぎは　まつやまの　うさぎ。そいつは　おれじゃないさ。」

『日本昔話大成1』より

・〈長野県下水内郡〉「兎なん匹もいるやんだ。茅場の兎、蓼場の兎、竹やの兎、杉やの兎って、いくつもいる」「だまかしただねえ、兎なん匹もいらあ。おらあ、竹原の兎だし」「おらだまかしゃしねえんだ。竹原の兎じゃなくて、杉原の兎だ」
・〈岩手県岩手郡〉「前山の兎は前山の兎、藤山の兎は藤山の兎、おれが何知るべさ」「おれは蓼山の兎だから知らぬ」「杉山の兎」・〈九戸郡〉「松こーには松こーの兎、笹こーには笹こーの兎」
・〈青森県三戸郡〉「おら、たんで山の兎だでァ、んがよた」「山ねァ兎ァ、ずっぱどいるァね。吾ァ漆山の兎だでァ」「吾ァ、はの木山の兎だでァ、んがば知らねァや」

『日本昔話通観』より

・〈山形県東根町東方〉「むかえ山の兎ァ、むかえ山だっぺす、薬売りの兎ァ薬山の兎だべ」「薬屋の兎ァ薬山の兎だべ、沼の兎ァ別だべな」・〈最上郡真室川町及位〉「かちかち山の兎と違う」・〈東田川郡櫛引町板井川〉と・〈東田川郡立川町狩川〉「別な（の）兎だ」
・〈岩手県気仙郡住田町上有住〉「兎だってひといろでないぞ、芥子山の兎は芥子山の兎さ。萱山の兎は萱山の兎だ。てんでなものだから、俺でァないさ。」・〈二戸市〉「茅刈りの兎でなく、漆かき兎だ」・〈雫石町〉「自分は藤山の兎だから何も知らない」「たで山の兎で、何も知らない」「杉山の兎で、何も知らない」
・〈秋田県北秋田阿仁町笑内〉「しばわらの兎はしばわらの兎、たんで村の兎はたんで村の兎、川端の兎は川端の兎で自分ではない」
・〈長野県下水内郡栄村泉平〉「ウサギだって、おればっかウサギじゃねえや、しゃば中なん百もウサギはいらんださけ」
・〈福島県大沼郡金山町横田〉「茅原の兎は茅の中、竹原の兎は竹の中」「たで原の兎は、たで原の兎」「舟作りをしている兎だ」・〈田村郡船引町永谷〉「萱刈り兎は萱刈り兎、たでする兎はたでする兎、別々でござるわ」「たでする兎はたでする兎、船打つ兎は船打つ兎、別々だわ」・〈大沼郡金山町玉梨〉「兎なんどなんぼうでもいんだぁ、茅野の兎が三千匹、漆売る兎が三千匹どって、いうんだぁもの、……」「……漆売る兎が三千匹、蓼やら兎が三千匹、茅野の兎も三千匹どって、なんぼがいんだぁがら」
・〈群馬県利根郡水上町藤原〉「火をつけたのは野兎の自分ではなく、竹藪の兎で、自分は薬を持ってきたのだ」
・〈茨城県高萩市上手綱〉「仲間がたくさんおり、兎は自分だけではない」ほか

＊7　舟上の唱え
ポプラ社版・講談社版「すぎの　きぶねは／ぶんぐら／どろの　ふねは／じゃっくら」
福音館書店版「きのふね　ぽんこらしょ」「つちふね　ざっくらしょ」
『日本昔話大成1』より
・〈青森県三戸郡〉「はの木舟ァぶんぐら　土舟ァじゃッくら」
・〈鹿児島県薩摩郡下甑島〉「赤土舟はがっかいせ、合歓舟はどんどんせ」
・〈岡山県真庭郡〉「あき舟ゃかんからかん」「泥舟ゃどんどろどん」
・〈岐阜県某地〉「上へ行くのおもしろさ、下へ行くのおもしろさ」「上へ行きゃぐずぐず、下へ行きゃぐずぐず」・〈吉城郡〉「兎の舟ぱっかんしょ」「狸の舟ぱっかんしょ」

・〈新潟県見附市〉「杉舟こーい、土舟こっくらせ」・〈佐渡郡〉「木舟にゃずい、土舟にゃがっくりこ」

・〈福島県双葉郡〉「木舟ばんがれしょ、土舟ばんがれしょ」・〈南会津郡〉「わあ木舟かっこぽーんわれは土舟かっこぽーん」

・〈長野県下水内郡〉「杉の木舟ギーコン」「土舟ボッコラショ」

・〈岩手県上閉伊郡〉「楢の木船づっかり、土船あごっくり」

・〈山形県上山市〉「杉舟あ、つえーん、どべ土舟あ、かっきらー」

『日本昔話通観』より

・〈熊本県熊本市〉「泥舟はぐゎーらぐゎら」「木舟はすーらすら」

・〈大分県直入郡久住町稲葉〉「土船ちゃんころりん、ちゃんころりん」

・〈山口県大島郡東和町長崎〉「泥舟やどーろどろ、木舟やカーチカチ」

・〈宮城県名取郡秋保町境野〉「兎のふーねプンプクプン、狸のふーねズーブズブ」

・〈岐阜県吉城郡上宝村〉「兎の舟ばっかんしょ、狸の舟ばっかんしょ」

・〈埼玉県川越市郭〉「木舟はスーイスイ、泥舟はドブンとしょ」

・〈千葉県富津市本郷〉「土舟はポックリショ、木舟はズンコショ」

・〈群馬県吾妻郡中之条五反田〉「木い舟どんぶらしょ」「土舟どんぶらしょ」・〈利根郡新治村須川〉「木舟はふうわりしょ、土舟ぽっかりしょ」・〈利根郡水上町藤原〉「木舟はふいとしろ、土舟はぽっかりしょ」

・〈福島県郡山市湖南町三代〉「土舟どっかだか」「木舟かっかだが」・〈田村郡三春町実沢〉「木舟ちゃんこらしょ、土舟どっこらしょ」・〈東白川郡古殿町山上〉「木舟パンカラショ」「土舟グズグズ」・〈南会津南郷村界〉「木舟ポンコラショ」「土舟ザックラショ」

・〈長野県下水内郡栄町坪野〉「木舟ギーコン、土舟ボッコラショ」

・〈栃木県芳賀郡茂木町河井〉「木い舟、カッカダカッ」「土ぃ舟、ブックラショ」

・〈山形県西村山郡西川町砂子関〉「杉舟はツエン、釜土舟はゴグラ、杉舟はスウ、釜土舟はゴグラ、ゴグラ」・〈最上町本城要外〉「兎船ァツェンツェン、狸船ァブゥグブグ」（ほか、ツエン・ザクザク、ツエンツエンツエン・ズップズブ、ツイン・ガクン、しん・かくら）・〈西置賜郡小国町大石沢〉「杉舟こんと行け」「土舟こんと行け」

・〈茨城県東茨城郡美野里町堅倉〉「木舟チャンカタカ、土舟チャンカタカ」

神立幸子（かんだつ　ゆきこ）
1936年、東京都に生まれる。
白梅学園短期大学講師（非常勤）。
日本児童文学学会会員。
著者『二十世紀の絵本の表現
——本来のものに立ちかえる世界——』
（武蔵野書房　2002年）

〈資料協力〉
ポプラ社〔P81～90〕
講談社〔P91～96〕
福音館書店〔P100～110〕

日本の昔話絵本の表現
——「かちかち山」のイメージの諸相

発行日　二〇〇四年十月二十日　初版第一刷発行
著　者　神立幸子
発行者　佐相美佐枝
発行所　株式会社てらいんく
〒二一五-〇〇〇七　川崎市麻生区向原三-一四-七
TEL　〇四四-九五三-一八二八
FAX　〇四四-九五九-一八〇三
振替　〇〇二五〇-〇-八五四七二
印刷所　モリモト印刷

ISBN4-925108-59-X C0095